칼퇴근
4.0

일하는 방식의
혁명적 접근

칼퇴근
4.0

Leave
work
on time

최명화 지음

스노우폭스북스

서문

　조직생활은 힘들다. 나와 공통점이 희박한 사람들과 깨어 있는 대부분의 시간을 같은 공간에서 보낸다. 공동의 목적을 추구한다고는 하지만 너무 자주, 너무 첨예하게 서로의 생각이 부딪친다. 아무것도 확실하지 않고 정해져 있지 않다. 상황은 항상 가변적이다. 이해하기 힘든 일이 벌어지기도 하고 나의 이해조차 구하지 않은 채 벌어지는 일들도 많다.

　그래서 힘들다. 일 자체의 어려움이기보다 일을 하는 나의 태도, 사람들의 태도, 그리고 그런 사람들 사이의 소통 때문에 힘들다.

　그러나 재미있다. 갈등이 있지만 화해가 있고 실망이 있지만 성취가 있다. 내가 몰랐던 내 모습이 경악스럽기도 하고 대견하기도 하다. 좌절하며 한계를 깨닫게 되기도 하고 같은 곳을 바라보는 동지애로 희열을 맛보기도 한다.

　때로 나를 삼킬 듯이 덤벼드는 과중함 앞에, 헉헉 거리면서도 정신을 잃지 않으려고 꽉 붙잡고 버텨내야 한다. 줄다리기 한 판이다. 등락 앞에 긴장해야 하고 성과를 내기 위해 최선을 추구해야 한다. 늘 제자리인 듯 반복되는 일상이었는데 어느 날 돌아보니 그 자리에 있는 건 아무 것도 없다. 상사가 바뀌었고 동료가 달라졌으며 업무가 바뀌어있다. 그리고 나는 성장하고 있다. 어제와 다른 내가 되어 있다.

일하는 과정 그 자체가 보상이라는 생각을 항상 한다. 가장 기뻤던 순간들은 승진할 때가 아니었다. 연봉을 많이 올려 받게 되거나 원하는 회사로 이직을 했을 때도 아니었다. 가장 오랫동안 가장 깊이 간직하고 있는 기쁨의 기억들은 일 자체에 관한 경험들이었다.

희로애락의 생생한 감정들. 슬펐던, 노여웠던, 때론 괴로웠던, 감정까지도 포함해 한계까지 밀고 나가며 느꼈던 감정들이었다. 밤 늦은 시간, 끙끙대며 돌려대던 파이낸셜 모델링들, 월요일 보고 준비에 주말 밤을 항상 같이 보내야 했던 동료들, 같이 깨지고 몰려갔던 회사 앞 맥주집, 멋진 실험랩을 완성하고 함께 했던 하이파이브, 믿어주었던 상사, 지지해주었던 부하직원들, 공통의 시간과 공통의 공간에서 함께 나누었던 고마움과 애틋함. 그리고 자랑스러움.

이런 감정들이 직장생활의 기쁨이었다. 그리고 보상이었다.

운이 많이도 좋았다. 너무나 멋진 사람들을 직장이라는 환경에서 무수히 만났다. 상사로 모시기도 했고 비지니스 파트너로 만났다. 그러나 보다 자주, 같이 일하는 팀 후배들을 보면서 복 넘치는 사람임을 확인했다. 오롯이 반하고 감탄했다. 내 생각을 시작하게 해주고 다듬어 완성시켜주었다. 기대를 뛰어넘는 결과를 가져오고 새로운 시도로 가능성을 보여주었다. 녹녹치 않은 조직생활을 무던히도 잘 견디며 어제와 다른 모습으로 자신을 키워나갔던 모습이었다. 그들로부터 많이 배웠다. 성장하는 모습에서 많이 자극받았다. 그렇게 나도 성장할 수 있었다.

공통점을 찾아보려 했다. 무엇이 조직에서 빛나는 사람으로 만들어주는지, 그런 사람들이 갖고 있는 공통 분모를 정리해보고 싶었다. 사무실 한 켠의 가구처럼 무조건 많은 시간 동안 일하며 자신의 사생활도 희생하는 모습은 기본 자격 미달이다. 같이 일하고 싶은 사람들이 아니었다. 자신의 기준이 있고 자신을 보호하면서 조직이 원하는 방식으로 일하는 모습이 정답이다. 가족과 저녁시간을 지키면서도 성과에 대해 타협하지 않는 방법을 말하고 싶었다. 오랫동안 관찰했고 경험했고 함께 일할 수 있었다. 그런 사람들의 이야기를 풀어놓고 싶었다.

상사로서 기쁘게 놀라워했던, A고과를 주었던, 프로페셔널적으로 존경했던, 그런 사람들의 일하는 태도와 믿음과 행동에 대해 설명해보려 했다.

그들은 선제적이었다. 앞서 생각하고 준비했다. 몸은 오늘에 있지만 머리는 항상 미래에 두고, 내일, 1주일 후, 한 달 후를 준비하는 사람들이었다.

체계적이었다. 무작정 일하지 않았다. 문제 해결 방식을 알고 있었고 죽도록 연습해 자신의 것으로 삼고 있었다. 새로운 생각과 사실 앞에 유연했으며 스스로 부정하는 것을 겁내지 않았다. 혼자 일하지 않았다. 자신이 일하기 좋은 환경으로 주변을 조성시키고 가용 자원을 활용하는 일에 뛰어난 사람들이었다.

항상 소통하고 떠들고 들어주기를 즐겨하는 사람들이었다. 소통되지 않는 것은 무의미하다 여기는 사람들이었다. 그리고 매력적인 사람들이었다. 주변에 사람을 모으고 함께 가자 먼저 손 내미는 자존감 높은 사람들이었다.

칼퇴근하면서 A고과 받기, 칼퇴근 4.0! 누구나 꿈꾸고 있다. 회사도, 상사도, 부하 직원도, 가족도, 당신의 칼퇴근과 성취를 간절히 원하고 있다. 가능하다. 가능해야 한다. 그냥 해보는 것이 아닌, 제대로 작정하고 전략적으로 덤벼보아야 한다.

하나씩 하나씩 내 것이 되어갈, 일하는 방식의 근육을 키워봐야 한다. 단순한 마음가짐의 화이팅이 아니다. 익혀야 할 기술의 이야기이고 구체적 습관의 제시다. 일하는 방식의 혁명적 접근에 관한 주장이고 어렴풋이 느끼고 있던 골든룰의 확신들이다. 집약적으로 모여, 당신이 의지할 수 있는 조직 내 성공 레시피가 될 수 있다.

당신의 하루를 응원한다. 오늘도 회사 안에서 온갖 오르고 내림을 겪고 있을, 나를 포함한 모든 조직원을 응원한다. 이 어려운 일을 이토록 잘 해내고 있는 우리의 용기와 영리함에 박수를 보낸다.

부족한 글을 읽어보려 펼치는 당신의 기대에도 고마움을 전한다.

2017년 초여름 최명화

Contents

3장 유연한 접근   Flexibility

6장 | 지속 가능한 성장   Growth

Leave
work
on time

1장

주도성과
선제성
Proactiveness

선제적 주도성이
최선의 방어다.

조직생활을 보는 각,
나만의 프레임

My way of doing work

우린 누구나 자신만의 '각'이 있다. 세상을 받아들이고 주변 일을 해석하는 고유의 앵글로서의 '각'.

너무 좁으면 편협해지고 너무 넓어도 배움 없이 밍밍해진다. '각'이 있어야 배척되는 생각들도 생기고 다른 '각'과의 충돌에서 오는 긴장감과 깨달음도 있다.

마케터인 나에게 세상을 보는 '각'은 마케팅이다. 흥미로운 제품을 볼 때도 나에게 필요한 정도보다는, 시장 내 다른 사람들의 관심이 어떠할까를 먼저 유추해보게 되고, 길가에 지나가는 사람들을 볼 때도 저 사람은 어떤 소비 형태를 지닌 어느 세그먼트

(segment: 집단)에 속한 사람일까를 상상해본다.

'직장생활 자체가 마케팅이랑 똑같다.'

이런 말을 후배들에게 한 적이 있다. 기업이 어떤 목적을 가지고 상품이나 서비스를 생산하고 의도적인 이미지를 부여하면서 특정 소비층에 어필하려 애쓰는 과정, 결과적으로 누가 더 빨리 소비자의 인식을 선점하고, 누가 더 많이 받아들여졌느냐에 따라 더 높은 가치의 상품이 되기도 하고, 뜻밖에 단종되는 서비스가 되기도 한다. 기업의 안정적 지원을 받으며 치밀한 계획 아래 탄생하는 상품도 있고, 아무도 기대하지 않은 곳에서 상상하지 못했던 방법으로 혜성처럼 나타나 시장을 사로잡는 상품도 있다. 목적을 부여하고 생산하고 어필하고 라이프 싸이클을 관리하는, 상품화되고 소비되는 이 전체 과정은 다시금 '브랜딩'이라는 말로 통합될 수 있다. 이는 우리들 인생에서, 그리고 직장에서, 의식하던 안 하던, 자발적이던 수동적이던, 우리 모두가 직면하고 있는 개인의 '셀프 브랜딩' 과정과 완전히 일치한다.

오랜 기간 사회생활을 해오고 있다. 마케팅을 공부하고 경영 컨설턴트로 커리어를 시작해서 몇 개의 대기업에서 마케팅 최고 임원을 역임했다. 신나고 재미있다는 생각에 주 80시간 이상의 강행군, 1년이면 20번이 넘는 해외 출장도 마다하지 않았지만 너무 힘들고 답답했던 시간들도 못지않게 많았다. 혼란스럽게 비틀거리며 길을 잃는 두려움을 느끼는 순간들도 있었다. 더 잘 살아보자고 하는 일, 나 자신에게 떳떳하면서도 조직에 유익한, 제대로 된 인식을 갖춰 일하고 싶었다.

그 인식을 바탕으로 올바르게 일하는 방법도 함께 알고자 했다. 누구에게나 통하는 일 잘하는 방식 같은 거창한 비결은 애초에 존재하지 않겠지만, 조금 더 현명하게 실수를 줄이며 주위 인정을 얻고 내가 만족할 수 있는 일 잘하는 방법은 분명 존재한다고 확신한다. 그것의 출발은 조식을 보는, 조직생활을 해석하는 나만의 전략적 프레임이다. 성공적인 조직생활을 긴 호흡으로 풀어야 할 하나의 문제로 정의했을 때 그것을 바라보는 나만의 각, 나만의 해석이 필요하다.

흔들릴 때마다 다시 처음으로 돌아가 나를 잡아주고 어려움을 겪는 주변 사람들과 같이 나누며 더 발전시킬 수 있는, 기초이며 기반이 되는 프레임이다. 나에게 있어 그것은 마케팅적 사고가 적용된 6단계 조직생활 인식 프레임이다.

1단계, 성취 목적의 부여 단계

마케팅으로 따지면 기업이나 상품의 KPI(key performance index, 성취 지표) 설정 단계다. 직장생활을 통해 내가 얻고자 하는 것, 나라는 사람의 성취에 대한 궁극적 목적을 구체적이고 측정 가능한 형태로 설정하는 것이다. 막연히 행복하려고 또는 사회에 봉사하고 자아를 성취하려는 목적은 자격 미달이다. 일단 말도 어렵고 측정 가능하지 않기 때문에 구속력이 빵점이다. 친구들이 모두 다니니 나도 다녀야 한다던가, 엄마의 자랑거리를 만들어주어야 한다는 목적은 가변적이어서 지속가능하지 않다. 지극히 자기에게 달성 필요한 목적이어야 하고 달성, 미달성이 분명해 스스로 평가가 가능해야 한다.

속물적일 수 있고 아주 현실적이고 구체적이기까지 해야 한다. 그래야 매일 아침 일어나기 싫어하는 나를 이불속에서 끄집어내 줄 수 있다. 다른 건 몰라도 무조건 내가 다니는 이 회사에 리더급은 돼야 하겠다든지, 3억을 모을 때 까지는 반드시 월급을 받고야 말겠다든지, 5년 후 이 분야에서 내 회사를 차려 독립할 때까지 모든 걸 배워 익히겠다는 것 같은 이유여야 한다. 나의 게으름과 나태함을 지배하고 매일매일의 직장생활을 버티게 해줄 수 있는 현실적 이유여야 한다. 그런 의미에서 보면 사업하겠다며 지속적으로 가계 경제를 축내는 남편은 하나의 축복이다. 별 고민 없이 아내의 직장생활의 목표를 분명하게 만들어주니까.

2단계, 직장의 규칙을 이해하는 단계

마케팅에서 말하는 시장 이해의 단계, 시장과 고객에 대한 인사이트를 수집, 분석하는 단계다. 이곳은 어떤 곳인지, 어떤 규칙으로 지배되는 세상인지 파악해야 한다. 표현되고 명시되어 있는 것보다 암묵적이고 은밀한 규칙들이 힘을 더 발휘하는 곳이 직장이다. 딱히 끄집어내 말해주지도, 똑부러지게 요구되지도 않지만 엄청난 지배력을 가지고 있는 보이지 않는 규칙들이 있다. 조직 문화라고 표현하기도 하고 뭉뚱그려 분위기라고 말하기도 한다. 일을 곧잘 한다는 평가를 넘어 아주 썩 필요한 사람이라는 평을 듣기 위해서는 이 규칙들을 면밀히 파악하고 이해해야 한다.

조직의 가변성을 이해했다면 개방적이고 유연한 업무 태도를 훈련해야 하고, 불확실성이 지배하는 조직의 생리 앞에 새로움과 도전에 대한 두려움을 제어해야 한다. 그리고 끊임없이 실험하고 테스트하는 부지런함으로 성과를 창출시켜야 한다. 규칙이 제시하는 방향을 읽고 필요한 방법들로 나를 무장하고 개발시키는 단계다.

3단계, 직장 내 성공 요인을 파악하는 단계

업무에 대한 지식, 태도, 커뮤니케이션 스킬, 언어 능력, 네트워킹 능력에 이르기까지 직장 내 성공을 가늠시키는 많은 요인이 있지만, 그 중심에는 '철갑 멘탈'이 존재한다. 위기는 누구에게나 있다. 하루 중에 겪는 한 고비 두 고비 일수도 있고, 길게 보아 어떤 시점의 1, 2년일 수도 있다. 어떻게 그 시기를 견디고 한 걸음 더 나아가 위기를 기회로 만들 수 있는지 생각해야 한다. 척박하고 때론 처절할 수 있는 직장생활에 일희일비하지 않고 견디며 그 시간 속에서 나를 빛나게 부각시킬 수 있을, 그 무엇을 갈고 닦아놓아야 한다. 그 기초에는 상황이 아닌 상황에 대한 나의 태도를 지배하는 '철갑 멘탈'의 필요성이 자리 잡고 있다. 누가 더 단단히 움켜지느냐, 누가 그 핵심에 먼저 도달했느냐, 누가 타인과의 관계에 앞서 스스로와의 관계를 거절감 없이 건강하게 형성하고 있느냐가 나의 차별성을 부각시키고 지속 가능하게 만들어주는 기초 체력이다.

4단계, 본격적인 셀프 브랜딩의 단계

나에 대한 이미지를 부여하고 특정 단어를 연상케하며 가치를 부각시키고 포지셔닝을 주도하는 단계다. 누구나 강점으로 성공한다. 강점은 칼끝처럼 날카롭게 연마하되, 약점은 나의 발목을 잡지 않을 정도로만 관리하면 된다. 약점에 발목 잡혀 나를 무너뜨리면 안된다. 열등감을 무기화하여 나에 대한 또 하나의 상징성으로 삼아 나가고 나만의 특질과 사연은 너무나 멋지고 가슴 뛰는 스토리로 완성시켜야 한다.

자뻑은 기본, 매일 밤 자뻑 일기를 쓰며 잠들어야 하는 단계다. 내가 믿지 않는 브랜드는 아무도 사주지 않는다. 내가 지향하고 내가 전달하는 가치를 분명히 하고 내가 먼저 스스로에게 반해야 한다. 그렇게 대체 불사한 브랜드로 나를 완성시키는 단계다.

5단계, 주변과의 소통 단계

너무 훌륭하지만 나만 알고 있으면 무용지물이다. 소용없는 매체에 커뮤니케이션하려 힘 빼는 것도 어리석다. 가장 필요하고 적절한 방법으로 나를 드러내고 알려야 한다. 나의 욕망도 효과적으로 드러내고 나를 위해 책상을 치면서 옹호해줄 서포터 발굴에 정성을 쏟고 마음과 시간을 들여 멘토를 곁에 두어야 한다. 정기적으로 피드백을 구하는 용기, 상사를 빛나게 만들고 후배를 신나게 만들어주는 진정성으로 주변의 지지를 이끌어내야 한다. 그렇게 사람을 모아야 한다. 나 스스로 성공하겠다는 것이 아닌 '남을 통해 내가 성공하겠다.'는 전략이어야만 지속 가능한 곳이 직장이다. 까다롭게, 치밀하게 그러나 마음 다하는 끈기를 가지고 주변과 소통하는 단계다.

6단계, 일과 삶의 융합 단계

출시되자마자 얼마 못 가 개점휴업 상태에 돌입하는 상품이 아닌 오래오래 사랑받는 상품이 되어야 한다. 그러기 위해서는 지속 가능한 환경이 만들어져야 한다. 일과 삶의 융합 단계다. 'work & life balance'라는 막연한 전제가 아닌 일과 삶의 단단한 융합을 지향해야 한다. 일을 택했다면 일 중심으로 삶을 융합시키고 보다 여유로운 생활을 택했다면 그것을 중심으로 일을 융합시켜야 한다. 일함으로써 치러야 할 대가를 인정하고 포기하고 눈 감아야 할 내 욕심의 소소함도 트레이드 오프(trade off) 시켜야 한다.

단순하게, 그리고 가볍게 나를 만들고 주변을 정돈시켜 놓는 일! 그래야 멀리, 힘 빠지지 않고 내달릴 수 있다.

생각보다 길고 험한 싸움이 직장생활이다. 그냥 덤벼들어 잘해 봐야지, 열심히 해야지 하는 것은 무모하다. 차분히 짜보는 전략이 필요하고 틈틈이 참조할 조언들이 절실하다.

나만의 각을 가져야 한다. 지속적으로 발전하고 개발되도록 열어놓은, 그러나 나의 경험으로 확인되는 나만의 해석 방법이다. 흔들릴 때마다 나의 위치를 확인시켜주고 나의 부족한 마음을 성찰시켜주는 나침반이 된다. 그리고 이 전략 위에서 하루하루 일 잘하는 방법이라는 전술적 논의가 가능해질 것이다.

일을 만들고
손을 들어라
Raise your hand

손을 들어라. 내가 할 수 있다 생각되고, 하고 싶다 생각되고, 기회가 가능하다 생각될 때마다 손을 들어라. 워크숍 장소를 정하는 작은 일에서부터, 새로 시작하는 프로젝트를 위한 사전 인터뷰를 시작해보는 일에 이르기까지, 자신이 할 수 있는 범주 안에 있는 일, 조금의 도움을 받으면 가능해 보이는 모든 일에 먼저 손을 들어라.

손을 드는 것은 습관이다. 처음 올라가는 손은 민망하고 어색할지 모르지만 자꾸 들다 보면 그것에 대한 두려움과 망설임이 더욱 감소된다. 하나 둘 작은 성공 체험이라도 하게 되면 드는 속도에 가속이 붙는다.

조직 내 당신에 대한 인식 변화도 가속화되고 자신을 판단하는 기준도 상향 조정된다. 생각보다 불편하고 힘든 일이 아닌 신나고 즐거운 경험이 될 수 있다. 그러니 들어라. 마음이 동할 때마다 거부하지 말고 일단 손을 들어라.

맥킨지에서 오랫동안 일하면서 많은 것을 배웠다. 기업 문제 해결에 대한 구체적인 접근 방법과 분석 기법들을 습득한 것은 당연했다. 하지만 더 중요하게는, 일하는 방법에 대해 많은 깨달음을 얻은 곳이었다. 그 중 한 가지는 주도적으로 손을 드는 행동으로부터 오는 성취감이었다. 내 스스로 내가 할 일을 주도적으로 정의하는 방법이 주는 효율성과 동기 부여, 결과의 선진성과 신속성, 주변 인식의 긍정적 변화에서 얻게 된 자신감들이었다.

맥킨지 일하는 방식의 특징 중 하나는 회의 문화에 있다. 'team problem solving'이라고 불리는 이 토론은 프로젝트가 진행되는 동안 하루도 빼놓지 않고 팀 전체가 모여 토론 하는 규칙이었다. 초기 회의는 해결해야 할 문제를 정의하고 문제 접근에 대한 논의가 주를 이루고, 후반으로 갈수록 결론에 대한 치열한 검증과 추가적으로 요구되는 복합적 분석에 대한 뜨거운 논쟁들이 이루어진다.

모든 참석자는 회의에 적극 참여하는 것이 규칙이었고 아무 말도 하지 않는 것은 용납되지 않았다. 누구도 그러한 규칙을 입 밖으로 내어 말을 하진 않았지만 아무 말도 안하는 것은 곧 '내가 아무것도 모르거나, 다른 사람들 말에 100퍼센트 공감한다는 의미' 외의 어떤 우아함도 더하지 않는 다는 것이 암묵적인 동의였다. 무조건 입을 열고 내 의견을 더하는 것이 선함이었다.

참여함으로써 나는 존재한다

주니어 시절, 대부분의 의견은 흔적도 없이 묻히곤 했지만, 그러거나 말거나 일단 입을 열고 참여하고 또 참여했다. 그렇게 독려 받았다. 토론이 끝날 무렵에 항상 'next steps'을 정의하곤 했다. 해야할 분석들, 추가 확인할 사실들, 주요 의사 결정자들의 인터뷰가 필요할 수도 있었고 대대적인 시장 조사를 해야 하는 경우도 많았다. 'next step'이 정해지면 각각의 일을 누가 할 것인가를 정해야 했다. 이 부분이 아주 특징적이다. 프로젝트 팀 리더가 일을 배분하기 보다는 먼저 하고 싶은 사람을 손들게 했다.

'파이낸셜 모델을 추가적인 가설과 함께 다시 돌려봐야겠는데…' 라고 이야기가 떨어지면 그 일을 하고 싶은 누군가 번쩍 손을 든다. '그건 자신 있고 제가 할 수 있습니다. 다른 부분에 대한 업무 배분도 비슷하게 이뤄진다. 일을 많이 가져가는 사람도 있고 별일 가지고 가지 않는 사람도 있다. 하지만 그건 큰 문제가 아니었다.

일을 통해 성장하는 것은 개개인이고 결과를 통한 혜택과 성과도 오롯이 개인에게 귀속될 것이다. 하고 싶어 하는 일을 맡을 때 가장 좋은 성과를 내는 것이 당연한 결과다. 그러니 누가 무엇을 하고 싶어 했느냐가 프로젝트 성공에 중요한 판단 기준이 되었다.

이렇게 배운 맥킨지 습관은 그 후 나의 일하는 모드가 되어왔다. 할 일을 함께 규정한 후에는 지시하기보다 누가 하고 싶은지를 먼저 물어보았다. 때론 자신의 능력보다 작은 일을 맡아가는 친구도 있었고 경험이 없어 불안해 보이는데 과잉 의욕을 보이는 직원도 있었지만 문제 삼지 않았다. 일이 진행되면서 다시 모여 의논할 기회가 있을 것이고 스스로 그 과정에서 깨달음을 얻을 것이며 상사인 내가 그를 도울 것이니 말이다. 이렇게 사람을 키워보는 것이 당장 하나의 분석을 제대로 해내는 것보다 조직 성장에 중요한 역할을 한다고 판단했다. 주도적으로 자신의 일을 규정해 나가는 습관을 만들어주는 것이 궁극적으로 내 조직을 강하게 만들어준다는 믿음이 있었기 때문이다. 하고 싶은 일을 할 때 성과가 최대화된다는 걸 알고 있었기 때문이다.

손을 먼저 드는 직원은 언제나 눈에 뜨인다. 주도성을 보여주는 중요한 단서이며 주니어의 경우 거의 유일한 증거가 될 수 있다. 주도성이라는 것은 어떤 일을 이끌어가는 데에 있어 자신의 의견과 의지와 열정으로 그 일을 하고 있고 해내겠다는 것을 보여줄 수 있는 성향과 능력이라고 정의할 수 있다. 직급이 낮은 경우 '조직에 긍정적인 영향을 주고, 많은 부분에서 밝은 에너지를 낼 수 있는 사람'이라는 것을 보여주는 단초가 된다. 직급이 높아진 경우는 실질적인 실행력과 추진력을 갖춘, 새로움을 지배하는 능력을 갖춘 리더라는 평가를 이끌어낸다.

선제적 주도성이 최선의 방어다

직장에서 회의를 하는 상황을 가정해보자. 탁자에 둘러앉아 각자 의견을 이야기하고 난상토론을 하는 경우가 많다. 오고 가는 말은 많지만 딱히 정리되는 느낌은 아니다. 각자 수첩에 열심히 적고는 있지만 같은 결론이 적혀지는 것 같지는 않다. 해석은 가지가지, 자신의 입장에서 들리는 것만 적기 때문이다.

이 때 누군가가 칠판에 나가서 그 내용을 정리하는 행위는 굉장히 유용하다. 일단 지금까지 나왔던 아이디어들을 잃지 않고 기록할 수 있고 모든 사람들의 생각을 동일 페이지 상에 놓을 수 있다. 아무도 나서지 않는다면 내가 먼저 손을 들고 "지금까지 나온 이야기를 제가 한번 정리해보겠습니다.", "오늘 회의 내용을 제가 칠판에 정리하는 역할을 해보겠습니다"라고 말하는 것은 굉장히 긍정적인 태도다.

주니어 시절에는 특히 더 그렇다. 회의 내용에 큰 기여가 없을 것

같으면 서기를 자처하며 회의에 적극 참여하는 것이다. 상사는 고맙다. 그리고 기억한다. '저 친구는 시키지도 않은 부분에 대해서도 자기가 어떤 일을 할 수 있을까를 생각하는 친구군.' 잘 써놓은 보고서 한 무더기보다 인상적인 기억이 된다.

회의가 끝나고 다시 한 번 손을 들 수 있는 기회가 있다. 1번, 2번, 3번 등 해야할 일이 결정됐을 때 "저 부분은 제가 먼저 하겠습니다."라고 먼저 손을 드는 경우다. 자신의 주도성과 적극성을 보여주는 기회다. 보다 현실적으로는 상대적으로 용이하거나 실행 가능한 부분들의 일을 스스로 맡음으로써, 더 크고 복잡한 일에 떠밀리듯 배정되는 비극으로부터 스스로 구제할 수 있는 이점이 있다. 일거양득이 되는 것이다.

회의 때뿐만이 아니다. 팀 내 크고 작은 일에 먼저 손을 들어 '제가 고민하겠습니다.', '다른 분들 협조 얻어 제가 주도해보겠습니다.' 라고 말하는 연습을 해보자. '필요하면 지시하시겠지.' 라고 기다리지 말고 배분되어 내 앞에 떨어질 때까지 있지 말라. 할 수 있다 생각되는 일에는 손을 들어 먼저 의욕을 표시하라. 회식 장소를 정하고 팀 문화 활동을 제안하고 새로운 사무실 배치를 먼저 구상해보라. 이런 주도성은 작은 일에 대한 당신의 성취, 큰 일에 대한 당신의 가능성을 주변에 보여주는 행동이 된다.

25시간 일할 일은 없다

두려워 말자. 어차피 하루 24시간인데, 25시간 일하게 될 일은 없을 테니까.

내가 손들었다가 못하게 되면 어쩌나 염려하지도 말자. 당신의 기특한 태도에 이미 주위 사람들은 당신을 도와줄 만반의 준비를 마치고 있을 것이다. 하늘은 스스로 돕는 자를 돕는다. 너무 나서는 것 아닌가 주위 눈치 보지 말자. 내가 좋아하는 일이고 이왕 하는 거 즐겁게 스스로 해보자는 태도다. 원하는 일을 하게 될 때, 더 큰 성과가 난다는 것은 증명된 사실이다. 조직이 바라마지않는 가치인 것이다. 주변 사람들에게 내가 관심 있는 일이 어떤 것인지 이해시키면서 동시에 나를 도와주고 싶게 만들어주는 습관이라는 장점도 잊지 말자. 주도적이고 선제적인 직원이라는 평가와 함께, 상사에게 당신은 무슨 일을 시킬까 전혀 걱정할 필요가 없는 사람이 되어 있을 것이다.

상사가 모르는
이야기를 하라
Out of box thinking

'상자 밖을 생각한다(out-of-box thinking).' 당연히 해야 할 익숙한 생각이 아닌 다르고 창의적으로 생각한다는 뜻이다. 창의성은 어딘가에서 뚝 떨어지거나 일부 특정인들만이 발휘할 수 있는 능력이 아니다. 직장 내에서 보여지는 태도이며 훈련으로 가능한 습관과도 같다. 우리의 일이 완전한 창조력을 요구하는 일이라면 조금 다른 이야기가 되겠지만 대부분 직장에서의 업무는 완벽한 창조력을 요구하는 경우가 많지 않다.

지금 하고 있는 일을 조금 더 다른 방식으로 함으로써 보다 효율적이며 효과적인 결과를 가지고 오는 창의성이 요구된다. 새로운 인사 평가 시스템을 개발하거나 고객 관리 프로그램을 실행해 보다 긍정적인 시장 반응을 이끌어내는 것이며, 새로운 브랜드를 개발하거나, 디지털 매체로 고객을 이동시키는 작업이다. 이런 일에 요구되는 창의성은 부지런함과 치밀함을 담보로 충분히 배양 가능한 기술이다.

직장에서 각자가 가져가야 할 '브랜드'에서 창의적인 사람이라는 포지셔닝은 우리가 생각하는 것 이상으로 많은 이점을 가져다준다. 그 사람에게는 항상 새로운 생각이 있을 것이라는 생각으로 주위에 사람이 모이게 된다. 늘 새로운 시각과 접근을 통해 신규 기회를 발굴해야 하는 기업의 입장에서는 창의적인 인재에 대한 우선순위적인 애정이 있을 수밖에 없다. 어떻게 하면 그런 사람으로 인정될 수 있고 스스로 믿어 의심치 않는 수준에서 그런 능력을 기를 수 있을까?

일단 '창의적이다.'라는 정의를 직장 환경으로 조정할 필요가 있다. 전위예술 아티스트급의 창의력만을 '창의적이다.'라고 한다면 시작하기도 전에 전의가 상실됨은 물론, 스스로의 게으름에 대한 아주 편리한 핑계 기제가 되고 만다. 실제 직장에서는 그다지 필요하지도 요구되지도 않는 오버 능력일 수 있다.

하늘 아래 나만 아는 창의성은 없다

하늘 아래 완전 새로운 생각은 없다고 믿는다. 평생을 창의적인 생각과 새로운 시도를 업으로 살고 있는 내가 자신 있게 말할 수 있는 대목이다. 나 스스로 깜짝 놀랄만한 새로운 생각이었지만 대부분은 이미 어느 회사에서 실행했던 아이디어였거나 실행하기에 너무 많은 돈이 들거나, 기술적 뒷받침이 안되거나, 불법적인 생각이어서 고려만 되다만 것들이었다.

한마디로 말이 안 돼 버려졌거나 말이 된다 싶을 땐 이미 선점되었던 생각들이었던 것이다.

그럼에도 불구하고 기업의 일, 특히 마케팅을 한다는 것은 늘 이번이 처음인 것처럼, 기존에는 없었던 가치인 것처럼, 새로운 문제해결 방법을 제시함으로써 고객이나 시장의 반응을 이끌어내는 일이다.

새로운 핸드폰의 가치를 제안하고, 인도 소비자들이 열광할 수 있는 냉장고를 개발하고, 50대 이상의 사람들의 과시욕을 충족시킬 차를 콘셉트화하고, 떠나는 젊은층들을 다시 모을 수 있는 캠페인을 실행했다. 전혀 새로운 생각이 아닌 새로이 볼 수 있는 프레임과 각을 제안했기 때문이다. 아무도 생각하지 못했을 때 마이크로레인지를 개발하는 행운은 단 1인에게 주어지지만, 마이크로레인지를 건강한 조리의 대안으로 제시할 수 있는 창의성은 보다 많은 사람들이 공유할 수 있는 시장 기회가 되었다. 없는 것을 만드는 것이 아닌 새롭게 해석하고 느끼게 할 수 있는 각을 제시하는 것, 미처 덜 주목했던 가치를 중요하게 부각시키고, 숨겨져 있던 부분을 새롭게 조명하면서 하나의 상징성으로 자리매김시키는 것, 그것이 직장 내 요구되는 창의성의 기준이다.

통화 품질이라는 길고도 불리한 비교 경쟁에서 40개가 넘는 요금제를 일시에 쏟아부어 고객들의 선택 프레임을 바꾸어놓은 것은 LG 유플러스의 창의적인 시장 공략법이었다. 초고장력 강판을 많이 포함하여 한층 무거워진 차체에 대한 연비 우려를 안전이라는 가치로 재조명하여 상쇄시킨 제네시스의 접근 또한 창의적이었다. 아무도 모르는 희소성이 아닌 확실히 동감되고 검증될 수 있는, 그리하여 추가적인 비지니스 기회와 직결될 수 있는 창의성은 새로운 각이며 새로운 프레임의 도입인 것이다.

2:6:2의 법칙

창의적이라는 부분은 제품이나 서비스 개발에만 한정되지 않는다. 어떻게 그러한 생각을 전달하느냐 하는 커뮤니케이션의 창의성에 주목해야 한다. 직장 내 커뮤니케이션의 9할 이상을 차지하는 것은 크고 작은 회의와 팀 토론 시간들이다. 다른 사람들이 한 말을 지속적으로 반복하기만을 되풀이하거나 전혀 맥락에 맞지 않는 엉뚱한 이야기들을 자꾸 꺼냄으로써 토론의 흐름을 방해하는 사람들이 있다.

이런 사람들은 다시는 회의에 초대하고 싶지 않다. 반면, 별거 아닌 이야기인데 그 사람이 의견을 내면 다들 귀를 기울이고 격하게 환영한다. 내가 비슷한 말을 할 때에는 드문드문 듣다가도, 옆자리 김 차장이 말하면 다들 좋은 생각이라며 의자를 당겨 앉는다. 회의 시간 내내 다른 사람 발언에 도움을 주다, 결정적일 때 자신의 의견을 피력하며 동의를 얻는 기술이 뛰어나 보인다. 늘 협조적이고 도움이 되며 생각이 창의적이라 평가받는다. 이런 사람은 회의시간에 초대되고 주목된다. 김 차장이 빠지면 꼭 찾고 어디 있는지 찾아오라며, 팀장은 내게 심부름을 시킨다.

그렇다면 어떤 사람들이 김 차장일까? 어떤 태도로 발언하고, 어떤 타이밍에 어떤 내용들로 회의에 참여하는 사람들일까? 그 핵심에는 발언의 콘텐츠를 효율적으로 조정하는 방식, '2:6:2 비율 지키기'가 자리잡고 있다.

전체 발언의 20%는 상대가 제시한 의견을 보다 더 잘 이해하기 위해 추가적인 질문을 던지는(probing) 데 할애한다. "방금 말씀하신 부분이 AI로 강화되는 디지털에 관한 말씀이시죠? 제 이해가 맞나요?" 내가 상대의 의견에 충분히 귀 기울이고 있음을 보여주면서, 참석자들의 몰입도 이끌어낸다. 또 다른 60%의 발언은 지금까지 나온 아이디어들을 조금 더 강화할 수 있는 제안을 한다. "이번에 버버리에서 시도한 피팅룸 브이알(fitting room VR)이 지금 말씀하신 부분의 좋은 예가 될 수 있습니다. 인공지능에 가상현실적 기술이 접목된다면 저희 제품 홍보에도 큰 도움이 될 수 있습니다." 이렇게 다른 사람들의 생각에 적극적으로 나의 생각을 얹어 단단하게 만드는 것이다.

나는 협조적이면서도 창의적인 생각, 생산적이고 도움이 되는 생각을 내놓는 사람으로 인지된다. 이러한 인정 위에 나머지 20%는 그룹이 전혀 들어보지 못했던 생각을 던질 수 있게 된다.

"그런데, 지금은 더 나아가서 그 작업 자체를 코딩화 시켜버릴 수도 있습니다. 딥러닝은 저희가 알지 못했던 방식으로 시장을 세분화해 줍니다. 완전히 새로운 타깃팅이 가능합니다."

주변 사람들은 무릎을 친다. '정말 그렇네, 역시 김 차장은 늘 새로운 아이디어를 가져온단 말이야.'

앞서 쌓아 놓은 공헌 덕에 나의 새로운 생각은 아주 잘 받아들여진다. 하늘 아래 나만 아는 이야기를 한 것이 아닌데도 나는 누구와 견주어도 손색없는 '창의적인 생각'을 하는 사람으로 인지된다. 처음부터 온통 새롭거나 알아들을 수 없는 말만을 피력한다면 그 의견은 아주 쉽게 제외된다. 자칫 너무 무책임하거나 동키호테같은 아웃사이더의 느낌을 주기 쉽다. 이러한 사람으로 포지셔닝되면 아무리 좋은 생각이라도 다른 사람들이 들으려 하지 않는다. 조직은 같이 일하는 것이 중요한 공간이다. 내가 다른 사람 의견에 공헌적이면서도 같이 논의 할 수 있는 사람이라는 티켓(ticket)을 우선 따야 하는 것이다. 그래야 새로운 생각도 소통된다.

신기하게, 과장스럽게, 묻고 또 물어라

그렇다면 그 20%의 새로운 생각을 가져갈 수 있는 방법은 무엇일까? 훈련될 수 있다면 어떻게 강화하고 습관화할 수 있을까?

그 중심에는 호기심이 자리 잡고 있다. 내가 무엇을 모르는지 알지 못한다. 'we don't know what we don't know.'이 진실은 무섭도록 진리다. 그것을 완전히 이해한다면 나의 자만과 어리석음의 많은 위험이 해소될 수 있을 것이다. 새로운 이야기, 새로운 생각, 새로운 사람, 의도적으로 관심 갖고 궁금해하면서 질문하고 알아가보자. 그냥 건성건성 보는 것이 아닌, 스치듯 한 번 눈길 주는 것이 아닌, 정말 잘 알아보려 관찰하고 찾아보고 비교해보면서 알아보자. 익숙한 것들과 결별할수록 새로운 각이 보인다.

손에 있는 것을 떠나보내야 다시 새로운 것을 움켜쥘 손이 생기듯, 아웃 오브 박스 씽킹(out-of-box thinking)의 핵심에는 익숙하지 않은 것에 대한 지독한 호기심이 자리 잡고 있는 것이다.

내가 종사하는 것과 다른 산업군의 움직임을 항상 호기심 있게 눈여겨보자. 내가 30대 여성을 위한 악세서리를 만드는 회사에 근무한다고 해서 악세서리 산업만 봐서는 아웃 오브 박스 씽킹(out-of-box thinking)이 될 수 없다. 게임 회사는 30대 여성들에게 뭐라고 이야기를 하는지, 새로 생긴 커피 회사는 그들의 매장을 30대 여성들에게 어떠한 분위기로 어필하고 있는지, 30대 여성 직장인들에게 히트를 쳤던 새로운 공연들은 어떤 차별적인 가치들을 이들에게 전달하고 성공할 수 있었는지 살펴야 한다. 이러한 예시들을 통해 결국 내가 가지고 있는 문제, 즉 트렌디한 30대 여성들한테 어떻게 가방을 더 많이 팔 수 있을까에 대한 인사이트를 얻을 수 있을 것이다.

내가 지금 고민하고 있는 30대 여성 시장만을 보지 않는 것도 또 하나의 방법이다. 20대 대학생들의 라이프스타일을 조금 더 잘 이해함으로써 또는 30대 여자들이 되고 싶어 하는 40대의 커리어 우먼들의 가치관을 좀 더 이해함으로써, 나의 타겟인 30대 여성들에게 접근할 수 있는 방법이 보다 명확해질 수 있다. 비교함으로써 지금 내가 풀려는 문제가 분명해지는 것이다.

불편한 영역과 충돌시켜라
다른 지역, 다른 시기에 대한 호기심도 발동시켜보자. 특정 트렌드가 선행적으로 나타나는 나라가 있고, 그것이 조금 더 후행적으로 나타나면서 다른 모습으로 변형되는 지역도 있다. 앞서간 시장에서 각 기업이 어떻게 대응했는지, 누가 이익을 극대화하고, 반대로 어떻게 몰락했는지, 지금 어떤 영향이 남아 있는지, 나의 상황과 비교 분석하며 아이디어를 얻어야 한다. 이질적 조건에도 불구하고 공통적으로 흐르는 가치에도 주목해야 한다. 새로운 밀레니얼들의 가치관, 디지털 진보에 따른 기회, 전통적인 미니멀리즘과 구매 행동의 사회화, 인더스트리 4.0의 초 연결 시대가 어떻게 이 시장에 적용될 수 있는지 등의 공통적 가치들을 생각의 출발점으로 삼아볼 수 있다.

생각의 흐름을 단단하게 해줄 수 있는 유용한 기사들을 수집하고, 생각을 서로 교환할 수 있는 주변의 네트워크를 만들고, 전문 블로그를 즐겨 방문하고, 관심 사안을 공유할 페북 친구를 만들면서 낯설고 새로운 화제를 이야기하고 학습하는 것에 재미를 붙여야 한다. 호기심의 눈을 잃지 않을 때 업무는 더 재미있고, 아이디어가 늘수록 수월해진다. 답답하다고 느껴질 때면 상자 안에서만 맴돌고 있는 것이 아닌지 뒤돌아봐야 한다.

상자 밖으로 나가려면 노력하고 훈련해야 한다. 호기심으로 무장하고 의도적으로 뛰쳐나가야 한다. 경력과 직급이 창의성을 길러주지 않는다. 기르겠다고 맘먹고 덤벼야 한다. 시간이 지나면

창의적인 사람이라는 포지셔닝은 내 브랜드의 한축이 되어 있을
것이다.

한 발 물러서
바라보라
Bottom-up vs Top-down

이 과장은 일을 열심히 한다. 어떤 일을 시켜놓으면 전력을 다해 질주한다. 날밤을 새기도 하고 사무실의 가구처럼 자리를 지키며 끈기를 발휘한다. 팀장이 지시하지 않은 일까지 처리하며 완벽한 분석 결과를 가져오곤 한다. 모든 경우의 수를 다 고려하고 그 각각 경우의 수에 따른 결론, 그리고 그 결론을 증명하기 위한 최대한의 많은 자료들을 수집한다. 수집의 소스(source)도 다양한 것같고 데이터도 모두 최근의 것이다. 엄청나고 훌륭한 분석, 그 광범위한 노력에 칭찬을 하면서도 보고받는 팀장의 표정이 밝지만은 않다. '보고하는 이 사람은 누구? 여기는 어디? 이 숫자는 무엇?

길을 잃은 느낌이 역력하다.

결론을 고민하기보다 데이터 자체에 매몰되는 느낌을 지울 수가 없다. 이 자료가 진짜인지, 가장 정확한 자료를 찾아온 것인지, 팀장과 청중의 초점은 자료들을 통해 증명하고자 했던 결론이 아닌 자료 자체의 진위 여부에 정조준된다.

그러다 작은 분석의 실수라도 발견되면 결론 전체가 흔들리게 된다. 자료가 많아 모두 살펴볼 수는 없지만 분명 또 다른 실수가 있을 거라 미루어 짐작하게 되는 것이다. 추가 자료를 더 수집하거나 분석을 다시 해보자는 결론으로 회의가 마무리 되고 날밤을 지새워 일했던 이 과장으로서는 더 많은 자료를 분석할 생각에 맥이 풀린다.

문제에 접근하는 방법은 크게 두 가지다. 하나는 귀납적 접근이다. 많은 증거나 자료를 통해 하나하나 결론을 도출해 나가는 상향식 접근 방식(bottom-up approach)이다. 또 하나는 연역적 접근으로 큰 부분의 결론을 내놓은 다음 자료를 통해 결론의 타당성을 증명해 나가는 하향식 접근 방식(top-down approach)이다. 각각의 접근 방법은 장단점이 있고 상황에 따라 우리가 풀어야 할 문제 성격에 따라 달리 쓰일 수 있다. 균형감을 가지고 복합적으로 시도 될 수도 있다.

그러나 회사 내 실제 문제 해결이 지나치게 귀납적인 방법으로

만 이루어지는 경우가 많다. 특히 상사나 팀이 문제에 어떻게 접근해야 할 지 경험이 부족하고 결론에 대한 가설을 전혀 가지고 있지 않은 경우, 방대한 자료의 분석을 문제 해결의 시작점으로 잡는 경우가 흔하다.

이 방법이 위험을 줄일 수 있다고 간주하기 때문에 자료부터 모으고 하나하나 분석을 통해 결론을 내보고자 하는 것이다. 이러한 접근은 과중한 노력과 시간을 요구한다. 자료 하나의 진위성에 막혀 결론 도출에 동력을 잃고 주저 앉게 되기 쉽다. 우리에게 허락된 자원에 한계가 없다면 문제 되지 않겠지만 주어진 시간 안에 최고의 결론을 도출해야 하는 업무의 특성상, 귀납적 방법에만 의존하는 접근은 문제 해결 과정을 어렵게 만들 수 있다.

귀납적 접근의 오류를 방지하라

상향식 접근 방식으로 일을 할 때 범할 수 있는 오류는 크게 세 가지다. 첫 번째는 생각의 중심점을 쉽게 잃어버린다. 방대한 자료에 매몰되어 내가 원래 풀려는 문제로부터 점점 멀어지게 되고, 자료 하나하나의 우수성으로 초점이 옮겨가 버린다. 새로운 자료가 또 다른 자료의 진위성을 증명하기 위해 필요해지고 또 다른 자료는 앞의 자료의 우수성을 증명하는 용도로 사용된다. 그 과정에서 믿었던 자료의 오류라도 발견되면 전체 논리는 흔들리고 팀이 무슨 문제를 풀려 했었는지 중심이 사라진 채, 더 좋은 질의 자료를 구하기 위해 힘을 쏟게 된다. 어느 순간 학술 논문을 쓰기 위한 실험실의 과학자가 되어 있는 것이다.

두 번째 오류는 우선순위 없이 모든 일을 다 해야 할 것만 같은 강박에 시달리는 것이다. 어느 분석 하나도 빠지면 안될 것 같은 강박감이 생긴다. 어느 것이 나에게 유용한 방향을 제시할지 알 수 없으므로 일단 모두 해놓고 보는 것이 중요하다고 여겨진다. 농민적 근면성이 업무 능력이 되어버린다. 제한된 시간 안에 모두 마치지 못하면 분석을 충분히 하지 못했다는 불완전성에 한 번 더 시달리게 된다. 지치고 고된 여정이다. 팀의 에너지는 아주 쉽게 고갈된다.

세 번째 오류는 시간 배분에 관련된 부분이다. 분석에 많은 시간을 쏟다 보면 결론을 도출하고 실행 안을 짜는 것에 할애할 시간이 남아 있지 않다. 실행으로 옮겨지지 않는다면, 결론이 활용되어 조직의 문제를 해결하고 변화를 이끌어내지 않는다면, 그 어느 훌륭한 분석도 그 빛이 사라질 것이다. 실행에 옮겨지지 못할 보고는 전혀 환영받지 못한다. 주어진 시간, 한정된 시간을 가장 영리하게 쓰지 못한 결과다.

회사에서 '스마트하게 일한다.', '똑 부러지게 일한다.'는 얘기를 듣기 위해서는 상향식 접근 방식에 매몰되지 말고 스스로가 하향식 접근 방식으로 문제 해결 하는 것으로 균형을 잡아야 한다. 자신의 직급이 낮아서 문제 해결의 주도권을 갖지 못하고 분석만을 지원해야 하는 입장이라도 하향식 접근의 시각을 잃어서는 안된다.

균형감을 갖고 있어야 시간을 효율적으로 사용할 수 있다. 결론이 단단해지고 실행 안에 집중할 수 있다. 무엇보다 자료 속에 파묻혀 길을 잃지 않게 된다.

연역적 접근을 의식적으로 훈련하라

하향식 접근 방식을 훈련하기 위한 내 나름의 방법은 크게 세 가지다. 첫 번째는 강제적으로 한 발 물러서 큰 질문을 스스로에게 던지는 것이다. 필요한 자료를 모아 인터뷰하고 새로운 파이낸셜 모델을 세우며 분석에 몰입하다가도, 두 시간 또는 세 시간에 한 번은 한 발 뒤로 물러서 지금까지의 분석 자료를 처음부터 살펴보며 궁극적으로 해결하려고 했던 문제가 무엇이었는지 나 자신에게 질문을 던져본다.

처음에는 분석의 오류가 자꾸 눈에 들어온다. '이 부분의 분석을 더 정교히 해야겠다.' 혹은 '이 내용에 연결되는 다른 자료도 더 가져 와야겠다.'는 생각만 떠오르게 된다. 그러나 이러한 생각들은 일부러 중단시키고 근본적인 질문을 스스로에게 던져야 한다.

• 지금 내가 푸는 문제가 무엇이었나?

- 지금 이 분석들은 궁극적인 문제 해결에 도움이 되는 자료인가?
- 꼭 필요한 분석인가?

내가 결론적으로 하고 싶은 말의 핵심은 무엇이었는지를 스스로에게 계속 던지는 것이다. 의도적으로 나를 분석의 늪에서 끌어내고 풀고자 하는 문제 자체에 집중할 수 있게 트랙 조정을 하는 것이다.

두 번째 방법은 해결책에 대한 가설을 늘 마음속에 품고 일에 뛰어드는 것이다. 그 가설이 팀 내 합의가 되었는지, 팀장의 생각과 같은지 다른지 여부는 문제가 되지 않는다. 중요한 것은 내가 가설을 가지고 있느냐 없느냐 하는 부분이다. 가설을 갖는 것은 어떤 문제를 해결하는 데 꼭 필요한 가이드다. 내가 봐야할 것을 제대로 보고 있는지, 놓치고 있는 것은 없는지에 대한 등대와 같은 역할을 해주는 것이다. 문제 해결 가설을 늘 마음속에 품고 그것을 증명 혹은 부정한다는 마음으로 분석을 진행하면 일에 초점이 생기고 전체적인 균형감을 잃지 않게 된다. 가설을 작성하고 문제 해결을 시작해야 한다. 올바른 가설 쓰기에 대한 설명은 다른 장에서 자세히 다루고 있다.

상사의 질문을 예측하라

마지막 세 번째 방법은 '이 결과에 대해서 상사가 질문할 것이 무엇일까?'를 먼저 떠올리면서 일을 진행하는 것이다. 나로서는 완벽했던 결론이더라도 '그래서 어떻게 실행을 하자는 거지?', 'B 안에 비해 어떤 장점이 있는 것이지?', '소요되는 시간을 단축시킬 수는 없나?'와 같이 상사가 던질 수 있는 질문들이 있다.

늘 머릿속에 그 질문들을 가지고 분석을 하고, 해놓은 분석들을 그 각도에서 검증해보곤 한다. 내가 궁금한 질문이 아니라 반드시 상사나 청중의 질문을 떠올려야 한다. 어느 분석에 더 집중해야 하는지 어떤 분석은 중단할 수 있을지, 내 나름의 기준이 생기게 된다.

직급이 올라갈수록 하향식 접근 방식으로 문제에 접근하는 것은 중요한 능력이 된다. 제한된 정보와 불확실한 상황 속에서 끊임없이 의사 결정을 내려야 하는 조직 리더들에게는, 하향식 접근 방식으로 문제 해결이 올바르고 신속하게 진행될 수 있다. 이는 갑자기 생기는 능력이 아닌 커리어 초기 시절부터 훈련하면서 길러야 하는 능력이다. 지루하고 맥 빠진 보고서, 너무나 자세하지만 아무도 읽지 않는 보고서를 쓰는 불행에서 우리를 구제할 것이며, 긴긴밤 사무실의 가구가 되어 붙박이처럼 앉아 있는 나 자신을 탈출시켜 줄 것이다. 팀 전체를 불행에 몰아 놓고 사내에서 가장 인기 없는 팀장이 되고 싶지 않다면 의도적으로 훈련하고 실행에 옮겨야 할 핵심 기술 중 하나다.

의도적으로 시간을
배분하라
80 : 20 Rule

'80:20의 룰'은 두 가지 의미로 많이 쓰인다. 가장 흔히 쓰이는 경우는 20%의 핵심 고객들이 80%의 기업 이윤을 가져다 준다는 의미에서다. 이 20%의 고객을 잘 이해하고 관리함으로써 기업이 가장 큰 이익을 얻을 수 있다는 집중의 원칙이다.

하지만 나에게 있어서 80:20의 룰은 전략 수립뿐만 아닌 직장생활을 더 잘할 수 있는, 나아가서는 나의 삶의 균형을 잡아줄 수 있는 도구로서 적극적으로 활용되고 있다. 한 가지는 시간의 강제적 배분 규칙으로 활용되고 있으며 또 다른 측면은 프로젝트의 질을 향상시키기 위한 의도적 자기검열의 방법으로 쓰인다.

80:20의 시간 배분을 처음 배운 곳은 맥킨지다. 그 곳에서의 컨설팅 라이프는 사무실에 있는 하나의 가구가 된 느낌으로 수 없는 밤을 고객사에 보내야할 보고서와 씨름하며 지새웠다.

회사는 지속적인 동기부여를 통해 직업에 대한 자부심을 잃지 않게끔 배려했다. 그 중 하나가 80:20의 룰이다. 일하는 시간 전체를 100%로 두고 봤을 때 80%는 주어진 업무에 쏟되 20%의 시간은 내가 정말 하고 싶거나, 재미를 느끼는, 내가 주도적으로 할 수 있는 프로젝트에 쏟는다는 규칙이었다.

일주일 중 4일은 클라이언트 회사에 가서 일하되 금요일은 모두 맥킨지에 모여 각자의 사무실에서 일을 하도록 회사가 적극 지원해주었다. 금요일에는 맛있는 점심이 회사 식당에 준비되어 사람들을 모았고, 금요일 오후에는 팀회의를 잡지 않았다. 실제로 프로젝트를 진행하다 보면 주말까지도 100% 반납해서 끙끙대야 하는 것이 사실이었지만 재미있는 프로젝트를 제안해보기도 하고 뜻을 함께 하는 친구들을 모아서 추진해보면서 금요일 오후를 지키려 했다. 재미로 하는 프로젝트('baby project'라는 별칭을 붙여주었다)가 실제 회사 내 중요한 프로젝트의 시발점이 되는 성공 체험도 했다.

'Baby Project'를 위한 20%의 할애

2000년대 초반, 금요일 오후마다 '어떻게 하면 한국을 중국 사람들에게 알릴 수 있을까?'라는 베이비 프로젝트를 진행했다. 클라이언트가 의뢰했던 프로젝트도 아니었고 한류라는 것이 본격적으로 시작되지 않았던 시절이었기 때문에 중국인 관광객에게 관심을 가진다는 것은 그다지 중요하거나 급한 문제는 아니었다.

그러나 중국 관광객이 향후 중요한 수입원이 될 거라는 생각에 미리 고민을 해보면 재미있겠다는 생각에서 프로젝트를 발의했다. 몇몇 엉뚱한 생각을 가지고 놀기 좋아하는 친구들이 모여서 아무도 의뢰하지 않은 프로젝트를 즐겁게 진행했다. 후에 이런 경험이 바탕이 돼 서울시에서 관광 마케팅에 대한 프로젝트를 의뢰했을 때 적극적으로 손을 들고 참여할 수 있었다.

맥킨지를 떠난 이후에도 80:20의 룰은 굉장히 유용한, 시간 배분 규칙이 되어왔다. 80%는 내가 지금 하고 있는 현재의 일에 쏟되 반드시 20%는 미래의 일, 아무도 원치 않고 아무도 요구하지 않은 일을 선제적으로 탐구하는 것에 쓰겠다는 나만의 원칙이다. 또한 전체 시간의 80%는 내가 충분히 잘할 수 있는 일, 내가 상대적인 경쟁우위를 보일 수 있는 일을 하지만 20%는 큰 리스크가 있고 내가 전혀 경험이 없는 일을 책상 위에 올려놓고 도전해보려 노력한다.

박 차장이 생각난다. 그는 다양한 업무를 처리하면서도 매우 유능하다는 평가를 받는 직원이었다. 그는 토요일 아침마다 회사에 출근했다. 그리고 주중에 하던 업무의 연장이 아닌 새로운 일을 자신의 책상 위에 펼쳐놓았다. 책을 읽을 때도 있고 학회 잡지를 읽을 때도 있으며 다른 산업의 트렌드를 정리하는 시간을 갖기도 했다. 유튜브를 통해 다른 회사 CEO의 연설문을 찾기도 하고, 화제가 되는 제품을 꼼꼼히 챙겨보기도 했다. 그는 이런 시간을 순수하게 즐기고 있다고 했다. 현 업무를 떠나 스스로 기분이 좋아지는 시간이라고 말했다.

사실 이런 시간을 월요일부터 금요일 사이에 찾지 못하고 주말에 나와서 한다는 것은 바람직한 일은 아니다. 하지만 어떤 식으로든 의도적으로 시간을 찾아 새로운 일에 대한 생각을 추진하고 자신을 리프레쉬하는 습관은 무척 귀하게 여겨졌다. 그 에너지로 그는 자신의 현재 업무에 더 몰입할 수 있다고 했다. '매우 유용하고 훌륭한 자신만의 일하는 방식을 갖고 있구나.' 라는 생각을 지울 수 없었다.

20을 잘 쓰면 80이 완성된다

현업의 질을 높이는 방식에 있어서도 80:20의 룰을 적극 적용시킬 수 있다. 50대 이상의 중장년층을 위한 신용카드 브랜드 프로그램을 새로 런칭하는 기획을 한다고 가정해보자.

여러 시장조사와 2차 자료분석 등을 통해 시장을 파악하고 경쟁사들이 제공하고 있는 오퍼들에 대한 점검도 끝냈다. 해외 선진 사례에 대한 분석과 이들의 온오프라인 구매 행동에 대한 충분한 자료도 수집되었다. 1차 분석을 바탕으로 몇 가지 좋은 아이디어들이 정리되고 각각의 실행성에 대한 검증 작업도 수행돼 어느 정도 윤곽이 잡혀있다.

그런데 한 가지, 추가적으로 유용할 수 있는 분석이 떠올랐다. 그들의 라이프스타일에 대한 세부적인 들여다봄이 필요해 보인다. 이에 따라 보다 세밀한 군집 분석이 가능할 것 같고, 우리의 오퍼를 더욱 매력적으로 만들어줄 수 있는 추가적인 안이 나올 것처럼 보인다. 프로젝트를 책임지고 있는 사람으로서 갈등이 생긴다.

지금 이 상태로 일단 1차 마무리시키고 보고를 하는 것이 옳은지, 추가적인 시간을 들여 보다 완결성 있는 서포트를 내놓는 것이 맞는지다. 반드시 시간에 쫓기는 프로젝트의 경우만 해당되는 갈등은 아니다. 충분한 시간이 있더라도 프로젝트를 진행시키는 과정에서 최종 결과의 질에 어느 방법이 더 유용할 것인지 고민되는 것이다.

나의 경우 항상 전자를 따랐던 것 같다. 이미 대세적인 결론은 나왔다고 판단하고, 지금 중요하다 생각되는 추가적 분석이 팀의 에너지를 방전시키거나 프로젝트의 흐름을 깰 가능성이 있다면 주저 없이 그 단계에서 결론을 도출하고 1차 마무리를 한다. 100

을 채우기보다, 80에 만족하고 다른 사람들과 공유해보는 것이다. 그렇게 세상에 내놓음으로 훨씬 많고 유익한 인풋을 받을 수 있는 기회를 갖게 된다. 팀장이 주는 다른 각도의 인풋, 새로운 정보 소스에 대한 추가적 제언, 내가 몰입되어보지 못했던 추가 기회가 제안될 수도 있고, 내가 엉뚱한 곳에서 헤매고 있었다는 증거를 찾게 될 수도 있다. 그 결과에 따라 내가 하지 못해 애태웠던 그 분석은 매우 중요한 것이 될 수도 있고, 하지 않아도 될 무용적인 것이 될 수도 있다. 그렇게 나머지 20이 완성된다.

내 기준은 남의 기준과 다르다

나름의 완벽을 기하고자, 끝없는 분석과 자료 수집으로 구성원의 에너지를 바닥으로 밀어내고 있는 팀장은 무능하다. 내 기준의 완벽을 위해 오랜 기간 기약 없는 잠수를 타는 후배는 미련하다. 내 기준의 완벽은 다른 사람들의 기준과 다를 수 있으며, 그 과정에서 지치거나 막막한 상태는 감당하기 어려워질 수 있다. 직장 내 직급이 층층시하로 구성되어 있는 이유 중 하나는 모두를 적절히, 역할 내에서 활용하라는 직장의 배려다. 일종의 강제 사항일 수도 있다. 100을 목표로 어쩌면 있을지 모를 추가적 보충을 위해 애쓰기보다, 80이 되었다고 판단될 때 오픈하고 정리해 세상에 드러내는 것이 필요하다. 그리고 그것에 대한 인풋을 구하는 것이다. 이 방법이 궁극적으로 내 프로젝트의 질을 높일 수 있으며 정말 완벽하게 일을 해내는 방식이 될 수 있다. 남을 통해 보충되는 20이 나 혼자 끙끙대던 80을 더 유용하게 완성시켜 100을 만들어주는 것이다.

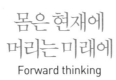

몸은 현재에
머리는 미래에
Forward thinking

최 차장은 일하는 스타일이 눈부시다. 야근을 하는 것도 아니고 절대 분량의 시간을 쏟지도 않는다. 그러나 그의 업무 결과는 빈틈이 없다. 하나를 물어보면 열이 준비되어 있다. 야근을 하지 않으면서 자신의 일에 완벽성을 기하는 사람들은 조직에서 가장 원하는 인재상이다.

이런 부분에서 최 차장은 주변에 좋은 본보기가 되어있고, 팀 내에서 어떤 문제가 생겼을 때 가장 먼저 논의를 하고 싶은 대상으로 꼽힌다.

최 차장의 가장 큰 장점은 항상 앞을 내다보면서 일을 하는, 포워드 씽킹(forward thinking)을 하는 능력이 있다는 것이다. 일을 할 때 현재 하는 일에 완벽을 기하는 것과 동시에 다른 한쪽에서는 늘 다음 스텝이 무엇인지를 고민하고 미리미리 준비해나가는 것이다. 시장분석을 하고 있으면서도 이 결과가 나왔을 때 유관 부서에 어떤 형태로 언제 공유해야 할지 그 계획을 잡고 있다. 프로젝트 시작 단계에 불과하지만 예측 가능한 인터뷰 대상자를 미리 선정해 접촉을 시작한다. 섭외는 늘 시간이 걸리기 때문에 그 사이 인터뷰에 필요한 준비와 기초자료를 수집한다. 기업별 강약 분석을 하고 있지만, 결과에 따라 해야할 재무 분석을 대비해 도움을 줄 외부 에이전시를 미리 섭외하기 시작한다.

여러 가지 업무는 각각의 리딩 타임이 다르다. 결정하자마자 행동에 옮겨 추진할 수 있는 일이 있는 반면, 준비하는 것에 시간이 걸리고 초반에 투여되는 시간에 별다른 리스크가 없는 경우도 많다. 필요한 컨텐츠를 개발하거나 2차 자료 분석을 하는 일이라면 결정과 동시에 추진될 수 있다. 그러나 업계 전문가를 인터뷰하는 일이거나 행사를 위한 장소 섭외, 사내 공유를 위한 회의를 잡는 일 등은 미리미리 준비가 필요하다. 인터뷰 초청 대상자를 선별하고 적합한 경로를 통해 접촉해야 한다. 그리고 답을 기다려야 한다. 큰 위험이 있거나 어려운 일은 아니나 시간이 소요되는 일이다. 미리 준비되어 동시 진행되지 않는다면 프로젝트가 중단될 수도 있다.

사내 회의를 잡는 일도 미리 공지돼 있어야 한다. 역시 어려운 일은 아니나 누군가는 그 일을 미리 생각하고 지시해 회의체를 공지해야 한다. 아니면 프로젝트 내용은 완결되었으나 회의를 잡는 절차를 기다리며 본의 아니게 개점휴업 상태에 직면할 수 있다. 프로젝트를 리딩하는 리더의 경우 이러한 능력은 더욱더 필수적이다. 물 흐르듯 진행되는 프로젝트 관리 기술은, 함께 일하는 후배로부터 신망을 얻고, 보다 많은 사람들을 그와 함께 일하고 싶게 만든다. 늘 더 좋은 사람들이 주위에 모이고 그가 하는 일은 더욱 효율적으로 진행되는 선순환의 구조를 타게 된다.

미래를 중심으로 커뮤니케이션하라

커뮤니케이션에서도 포워드 씽킹(forward thinking)은 드러나는 차이점이다. 일을 하다 보면 답답한 이메일을 받게 되는 경우가 종종 있다. 업무 진행에 대한 보고 이메일을 받는 경우가 많은데 대부분 어떠한 일이 어떻게 벌어졌다는 것을 매우 상세히 기술하곤 한다. 그리고 맨 마지막에는 '이상으로 보고를 마칩니다. 기타 궁금하신 점 있으시면 언제든지 연락 주십시오.' 라고 끝맺음을 한다. 상사는 순간 멍해진다. '그래서 나보고 어쩌라는 거지?' 이러한 내용을 알고만 있으라는 건지, 평가해달라는 건지 아니면 다음 스텝을 어떻게 진행할지 제시해달라는 건지, 답답하기 이를 데 없다. 동시에 메일을 보낸 직원은 일을 제대로 파악하고 있는 건지, 다음 단계 준비는 충분히 하고 있는 건지, 의구심이 생긴다.

반대로 정말 속 시원한 이메일이 있다. 일의 진행 상황 만큼이나 다음 스텝에서는 어떠한 일들이 일어날 것이라는 부분을 충분히 밝히는 이메일이다. 그리고 이 부분에 대해서 어떻게 생각하는지 피드백을 달라고 요청함으로써 이메일을 받는 사람에게 기대하는 행동을 명확하게 보여주는 것들이다. 보고하는 사람이 '이 사태에 대해서 주도권을 갖고 있구나.'라는 인상을 주게 된다. 앞을 내다보는 포워드 씽킹(forward thinking) 능력을 보여주고 있는 것이다.

회의도 마찬가지다. 회의 끝자락에 "오늘 회의는 굉장히 유용했다." 라고만 마무리할 것이 아니다. 같은 회의에 참석했어도 사람들의 해석은 매우 다르다. 특히 그것이 어려운 상사와의 회의인 경우 자신이 처한 입장에 따라 각자의 해석이 다를 수밖에 없다. 상사의 지시 내용이 다르게 이해되고 다음 단계 할 일도 각각 다르게 해석된다. 동상이몽이다.

결국 반드시 모두 함께 있는 자리에서 다음 스텝을 규정하고 마무리하는 것이 좋다. 그렇게 해야만 나중에 생길 수 있는 불필요한 혼란이나 시간 낭비를 방지할 수 있다.

세 가지 공을 저글링하라

늘 세 가지의 공을 저글링한다는 생각으로 나 스스로의 능력을 훈련해왔다. 지금 진행되고 있는 일의 내용이 하나이고 2주 후에 해야할 일을 미리 구상해보는 것이 또 하나의 공이었다. 그리고 마지막 공은 프로젝트가 끝났을 때의 모습에 대한 공이었다. '지금의 이 분석이 결국 어디로 결론을 이끌어가는 거지?', '다음 단계가 무엇이지?', '어떤 단계에서 시간적 허들이 있는 걸까?' '미리 띄어 놓아야할 것은 어떤 것이고, 차후 돌아볼 것은 무엇이지?'를 고민하는 방식이다. 프로젝트가 작던 크던 이 세 가지 공을 늘 저글링하고 있다고 생각하면서 그 어느 하나 땅에 떨어지지 않게 돌보는 기술이다. 그것이 나로 하여금 당장의 업무에 매몰되어 전체를 보지 못하는 어려움에서 구제해주었고, 다음 단계가 준비돼있지 않아 상사로부터 핀잔받는 위기에서 탈출시켜 주었으며, 프로젝트가 개점휴업 상태로 접어들어 결정적 모멘트를 잃어버리는 실패를 방지시켜 주었다.

앞서 생각하자. 이메일을 쓸 때, 회의를 할 때, 매일매일 업무를 진행할 때 지금 하고 있는 일만큼 내일, 1주일, 2주일의 일을 머리에 그려보면서 준비하자. 현재와 미래, 오늘과 한 달 후를 자유롭게 드나들며 움직이자. 일의 효율성을 높여줌은 물론, 일에 대한 나의 지배력을 한층 더 상향시켜줄 것이다.

버려야 할 것을
먼저 정하라
Edge

보통 전략을 짜는 일은 어렵다고 생각한다. 어떻게 접근하고, 어떠한 방법을 택하고, 무엇을 추구해야 하는지를 세세하게 규정하는 작업이기 때문에 어렵고 복잡하다고 여기는 것이 일반적이다. 전략이라는 말 앞에서 움츠러드는 자신을 발견할 때도 있고, 전략부서 사람들을 만나면 왠지 대단한 일을 하는 것 같이 느껴질 때도 있다. 그러나 업무에 상관없이 전략적인 사고는 필수적이다. 하루 종일 고객들의 콜을 받아야 하는 콜센터 업무나, 매장을 관리하고 고객 응대 직원들을 훈련시켜야 하는 업무에서도 우리는 알게 모르게 이미 전략을 짜고 있고 전술을 실천하고 있다. 누구에게 접근해야 할지, 무엇을 말하고 무엇을 전하지 말아야 할지, 진상 고객들은 어떻게 대해야 할지, 그 모든 것의 판단에 전략이 작용하고 있다.

전략은 싸우지 않을 전장터를 정하는 일이다

전략적 사고를 하고, 제대로 된 살아있는 전략을 도출하기 위해서는 세 가지를 기억해야 한다. 첫 번째, 전략은 내가 하지 않을 싸움을 정하는 작업이다.

어떻게, 무엇을 할 것인가를 정하는 것이 아닌, 무엇을 어떻게 하지 않을 것인가를 규정하는 작업이다. '무엇을 할 것인가'가 아니라 '무엇을 하지 않을 것인가' 혹은 '무엇을 버릴 것인가'를 정하는 것이 전략이다. 공략하지 말아야 할 고객 집단(segment), 전달하지 말아야 할 이미지, 접근하지 말아야 할 채널, 주장하지 말아야 할 가치, 이 부분을 정교하고 분명하게 규정하는 것이다.

언뜻 듣기에는 너무 당연하고 쉬운 일일 것 같지만 실상은 정반대다. 우리는 더 많이 더 잘하겠다는 제안에 훨씬 더 익숙하다. 더 많은 시장을 공략하고 더 많은 고객 집단을 끌어들이고 제품에 대한 더 많은 장점을 부각시키는 것에 편안함을 느낀다. 그것이 실행 가능한지 아닌지는 그 다음 문제다. 일단은 이것저것 다 하겠다는 보고서를 들고 가야 모두가 편안하게 받아들인다. 제품의 모든 장점을 빼

곡히 적어놓아 읽기조차 힘든 광고 전단을 만들어야 광고 부서가 제대로 일을 한다고 생각한다. 그러나 이것은 전략이 아니다.

모두 좋자고 쓴 소설이고 시간 낭비다. 따라서 모든 전략을 짤 때에는 하지 말아야 할 것, 버려야 할 것들을 먼저 규정해야 한다. 그러다 보면 무엇을 어떻게 해야 할지가 서서히 드러날 것이다.

한마디로 이것은 전략의 각(Edge)을 세우는 일이다. 각은 내가 싸울 전쟁터를 정하는 작업이고 동시에 싸우지 말아야 할 영토를 지정하는 작업이다. 신규 자동차 콘셉트 기획안을 내놓는 상황을 가정해보자. 엘란트라 급의 차가 있는 C2 차급에서 신제품을 내놓는 상황이다. 어떤 가치로 이 세그먼트를 진입할 수 있을지를 논의하는 자리다.

"이 세그먼트는 가성비(value for money)에 대한 생각이 뚜렷해서 비싸지는 않되 몇몇 부분에서는 고급적인 사양을 갖고 있는 차를 원합니다. 외제차를 살 형편은 안 되지만 외제차를 사지 못할 것으로는 보이고 싶지는 않고, AS와 할부 조건을 꼼꼼히 따지는 집단이기도 합니다. 또한 차량 이용시간이 많기 때문에 차량에 대한 지식도 상대적으로 많은 젊은 층이라고 할 수 있습니다."

모든 것이 사실이다. 이 세그먼트의 틀리지 않은 욕구들이다. 그러나 이런 보고는 청중을 혼란에 빠뜨린다. 이것저것 모두 원하는 집단이니 중요한 고객군은 맞으나, 어떻게 접근해야 마음을 사로

잡을 수 있을지 파악이 안 된다.

같은 사실을 전략적 각으로 생각해보면 이야기는 달라진다. 하나의 각을 부각시키고 나머지 요소들은 이 각을 증명하거나 반증하는 용도로 활용해 설득력을 높이는 것이다.

"현재 상황에서의 핵심 키워드는 트레이드 오프(trade off)가 될 수 있습니다. 이 세그먼트는 경제적인 제한이 분명히 있지만 선택적 고급 사양을 통해서 체면치레를 하고 싶어 하는, 특히 편의성 관련 고급 사양에 가치를 크게 두고 있습니다. 자동차의 기본 성능은 상대적으로 톤 다운하되 겉으로 보여지는 최첨단의 외관이라든지, 할부나 AS와 같은 구매 조건 등에서 뛰어난 가치를 부각시킬 때 이 집단에게 어필할 수 있는 확률이 커질 수 있습니다."

이제야 청중은 고개를 끄덕인다. 어떻게 해야 될지 알겠다는 표정이다. 전략이 있는 거 같다며 안심한다. 버려야 할 것이 주어졌음에 안도하는 것이다.

행동을 규정할 수 있어야 전략이다

두 번째, 'Do & Don't'에 대한 세세한 정의를 잊지 말아야 한다. 전략이 전략으로만 끝난다면, 그럴싸한 두꺼운 보고서로 바인딩되어 회의에서 배포되는 것으로만 마무리된다면, 그것처럼 깊은 비극도 없다. 전략은 실행이 패키지로 따라와야 한다. 실행되지 않는 전략은 쓸모없는 낭비다. 소요되는 비용과 시간을 계산하고, 함께 도와줄 파트너사들을 미리 찾아 제시하고, 실행이 어려울 때 가능한 플랜 B도 세워놓아야 한다. 그러나 이것으로도 충분치 않다. 세세하게 정의된 실천 행동 강령을 만들어야 한다. 이 전략의 영향으로 바뀌어야 할 개인 차원, 회사 차원, 제품과 브랜드 차원에서의 행동 규정이다.

전략에 따라 회사 문화가 바뀌어야 하는 경우도 있고 직원들의 일하는 방식이 바꿔야 되거나, 협력사들과의 논의 내용과 태도를 바꿔야 할 때도 있다. 브랜드 포장이 바뀌고, 매장의 톤과 매너를 바꿔야 함은 물론이다. '전략이 이해되면 다들 알아서 하겠지.'라는 생각은 착각이다. 누구도 나의 전략이나 의도를 이해할 수 없다. 시간이 지날수록 그 혼란은 더 할 것이고 지속적으로 실행돼야 할 전략은 흔적 없이 없던 일이 되어 버릴 것이다. 얼마 못가 또 전략을 짜보라 할 것이다. 그러니 규정해야 한다.

지나치게 꼼꼼할 정도로 규정해 관련자 모두의 책상에 걸어놓도록 만들어야 한다. 해석 여지가 너무 많은 추상성이 아닌 규정된 실천성으로 그 전략을 완성시켜야 한다. 전략은 그럴싸한 어려운 얘기가 아닌, 유치하기 짝이 없는 미주알고주알 지침서가 될 것이다. 그것이 완성이다. 해야 될 일, 해서는 안 되는 일, 말해야 하는 것, 말하면 안 되는 것, 행동 측면에 초점을 맞춰 규정하고 그것을 전략의 완성이라 불러야 한다.

궁극적 지향점과 연결시켜라

세 번째, 현재 프로젝트가 회사가 가지고 있는 궁극적 목표 달성에 어떻게 이바지하는지, 어떻게 발전 진화되어 회사의 지향점을 지원하는지를 반드시 보여주어야 한다.

지금, 올해의 할 일들이 모여 5년 후, 10년 후에는 어떤 가치를 이룰지 중장기 로드맵으로 보여주어야 한다. 당장 영업을 끌어올리기 위한 활동이더라도 궁극적으로 우리 회사, 우리 브랜드가 증명할 가치들과 어떻게 연결되는가를 보여주는 것이다. 중장기 로드맵은 첫째, 지금의 활동이나 계획의 타당성을 판단할 수 있는 기준이 된다. 여러 대안들이 고려될 때, 로드맵에 제시된 장기적 목적에 부합하는 안을 선택할 수 있게 된다. 실수가 없고 안전한 방법이다.

둘째, 필요한 자원을 확보하기에 용이해진다. 예산 감축이 전사를 흔들지만 장기적인 계획에 부합되는 측면이 확인된다면, 현재 프로젝트에 대한 과감한 투자 결정을 설득할 수 있게 된다.

셋째, 내가 하는 일에 대한 자긍심을 높여준다. 내가 하는 일의 가치는 궁극적으로 달성하고자 하는 목적에서 그 의미를 찾을 수 있다. 지금 당장의 행동은 추가 영업을 발생시키기 위한 활동이고,

불만 고객을 잠재우는 행위이고, 회사 직원들의 복지 향상을 위한 노력에 불과해 보이겠지만, 이런 일들이 쌓이고 묶여 우리가 이루려는 목적의 달성과 연계되어있어야 한다. NASA의 청소부가 자신이 하는 일을 청소가 아닌 우주선을 쏘아올리는 일이라고 규정하는 것과 같은 이야기이다.

브랜드의 가치를 올리고 기업 문화를 강화시키고 글로벌 리더로서의 도약 발판을 마련하는 일이 오늘 내가 하는 일의 궁극적 목적이 되어야 한다. 중장기 로드맵이 제시된 전략은 모든 프로젝트의 궁극적 지향점을 명확하게 해준다.

이것이 전략이다. 해야 할 것이 아닌, 하지 말아야 할 영역을 분명히 하는 것, 엄청나게 꼼꼼한 옴싹달싹 할 수 없는 행동 지침을 포함하는 것, 궁극적인 지향점을 제시하고 시간적 진화를 보여주는 것, 오롯이 실행되기 위해, 실행될 수 있게 쓰여 있는 것. 이것이 전략이다.

거창하고 아름답고 모호하기만 한, 하고 싶은 모든 것들을 끝없이 포함하고 있는, 읽는 사람에 따라 다르게 해석되는 천의 얼굴을 가지고 있는, 전략이라는 이름으로 불리는 추상성의 보고서를 내가 작성하고 있다면, 스스로에게 질문해보아야 한다. 지금 실행될 확신으로 이야기를 하고 있는 것인지. 아님, 자기 위안적 사기를 치고 있는 건 아닌지. 냉정히 차분히 되돌아봐야 한다.

Leave
work
on time

2장

구조적
체계성
Structure

해결해야 할 문제는 다르지만,
문제 해결에 접근하는 방법은
동일하다.

문제 해결 방법에
왕도는 있다
Problem solving approach

기업은 온갖 다른 종류의 문제 해결을 요구한다. 신규 시장에 진입하는 문제일 수도 있고 이미 확보한 고객사 대상 세일즈를 늘리는 영업력에 관한 문제일 수도 있다. 죽어가는 브랜드를 다시 살려야 하는 것일 수도 있고 새로운 온라인 채널을 현재의 유통과 어떻게 충돌 없이 접목시킬 것인가의 문제일 수도 있다.

항상 접해왔고 익숙했던 문제라면 해결이 상대적으로 쉽겠지만 전혀 모르는 분야, 결과가 불확실하고 많은 부분이 검증되지 않은 경우, 문제 해결은 어려워진다.

의논할 상대가 곁에 있다면 어려움에 도움을 받을 수 있겠지만 대부분의 경우, 그리고 직급이 올라갈수록 자신이 주도적으로 문제 해결을 이끌어야 한다. 체계적인 문제 해결 접근은 해결 과정 속도를 높여주고 결과물의 질을 향상시켜준다. 내가 일을 잘할 수 있게 해주고, 아랫사람에게 체계적으로 업무 지시를 할 수 있게 만들어준다.

컨설팅 회사에서 일을 하면서 문제 해결 방법론에 대해 철저히 교육받았다. 여러 산업군의 다양한 이슈를 굉장히 빠른 시간 안에 접하고 해결해야 하는 업무가 주를 이루다 보니, 얼마큼 체계적이고 논리적으로 문제에 접근하느냐가 능력의 핵심이 되었다. 은행, 카드, 보험사와 같은 금융계 회사에서부터 전자회사, 중공업과 같은 정통 제조업, 나아가 교육, 문화, 컨텐츠 사업에 이르기까지 여러 인더스트리의 온갖 비지니스 문제들을 해결해야 했다. M&A 문제에서부터 지역 거점 관리 전략을 제안하는 문제에 이르기까지, 이슈의 복잡성과 다양성 또한 매우 광범위했다.

여기서 핵심은, 풀고자 하는 문제의 내용은 다르지만, 이것들을 해결하는 방식에는 공통점이 있다는 것이다. 문제의 공통점이 아닌 문제를 해결하는 방식의 공통점이다. 맥킨지에서는 이러한 문제 해결 방식을 '7 steps problem solving'이라고 정의하면서 철저하게 연습시켜 체화시킨다.

1단계, 문제의 정의

그 첫 번째 단계는 문제 정의다. '우리에게 해결해야 할 문제가 무엇인가?'라는 기본 질문을 정의하고 그것의 성공 기준, 해결 방안의 범위, 그리고 주요 의사결정자들을 정하는 단계다. 복잡해 보이는 문제도 내가 풀어야 할 핵심을 한 문장으로 질문하는 것이 중요하다. 여러 가지 충돌하는 문제들이 있다 해도 가장 큰 효과를 가져오는 것이 무엇인지를 따져 답을 찾기 위한 질문을 던져야 한다. 질문은 스마트(SMART)해야 한다.

S : 구체적이고(specific),

M : 답의 유용성이 측정 가능하며(measurable),

A : 실행이나 행동을 전제로 하며(action oriented),

R : 현재 비지니스나 능력, 비전 등과 관련성이 있고(relevant),

T : 지금 풀어야할 문제여야 한다(time bound).

추상적이거나 그 범위가 너무 넓게 정의되어있는 질문, 답이 도출되어도 맞는 답인지 알기 어려운 질문, 반드시 지금 풀어야 할 필요가 없는 질문 등은 적절하게 정의된 문제가 아니다.

예를 들어, '미래를 준비하기 위해서는 어떻게 하여야 할까?'라는 질문보다, '향후 2년간 지금보다 두 배의 이윤을 창출하기 위해서는 어떤 성장 동력을 발굴해야 할까?'라는 질문이 문제 해결을 용이하게 해준다.

'공부 잘하는 아이로 만들려면 어떻게 해야 할까?'라는 출발점보다 '영어를 1등급으로 만들고 수학을 2등급으로 올리기 위해서는 다음 학기 무엇을 바꾸어야 하나?'라고 질문했을 때 풀어야 할 문제에 집중할 수 있게 되는 것이다.

문제가 올바로 정의되었는지를 스스로 판단하기 위해 다음의 여섯 가지 질문을 던져보면 유익하다. 올바른 문제 정의의 판단 기준들이다.

- 문제의 배경과 맥락 : 이 문제가 지금 정말 중요한 과제인가?
- 성공 기준 : 이 문제가 성공적으로 해결 되었다고 판단하는 기준이 명확히 정의 되어 있는가?
- 문제 해결 범위 : 다루지 말아야 할 영역을 포함하고 있지는 않은가?
- 제약 조건 : 예산, 기간 등의 제약조건들을 만족 시키는 것인가?
- 이해 당사자 : 이 문제에 관련 있는 사람들의 이해관계를 잘 고려했는가?
- 자료 : 분석에 필요한 자료는 구할 수 있는 것인가?

2단계, 문제의 구조화

두 번째 단계는 그 문제를 구조화시키는 과정이다. 광범위하게
정의된 복잡한 문제를 체계화된 세부사항들로 이슈화하고 가설
을 개발한다. 정의된 한 문장의 문제를 여러 개의 작은 문제들, 직
접 답을 내야 할 작은 문제들로 쪼개는 단계이며 동시에 세부 문
제들은 정의된 큰 문제와 연계성을 갖게끔 구조화시키는 단계다.
흔히 '이슈 트리'라고 불리는 이 단계의 작업은 전체 문제해결 과
정 중 가장 중요하고 핵심적인 단계이며, 프로젝트가 진행되면서
지속적으로 업그레이드되는 작업이다. 프로젝트 첫날 그리는 이슈
트리는 프로젝트가 진행된 후 한 달이 지난 후에 그릴 수 있는 이
슈 트리와 그 모양이 다를 수 있다. 새로운 사실들이 나타남으로
써 세부 이슈들이 달라지기 때문이다. 이 때 중요하게 고려되는 원
칙이 MECE(mutually exclusive, collectively exhausted)이다. 세부 이슈들
은 각각 다른 문제를 다뤄야 하며 동시에 이 이슈들을 모아놓으면
전체 문제가 커버될 수 있어야 한다는 원칙이다. MECE 원칙은 다
른 장에서 구체적으로 다루겠다.

3단계, 문제의 우선순위화

세 번째 단계에서는 이렇게 세분화된 문제들을 우선순위화하는
작업이다. 문제 본질에 접근하는 데 있어서 '어떤 이슈가 가장 중

요한가?'라는 질문에 대한 답을 내는 과정으로서, 팀원들의 경험, 판단력과 직관력, 간단한 계산, 그리고 조직이 리스크를 감당할 준비 정도에 따라 우선순위를 정하게 된다. 어떠한 기준으로 우선순위화하느냐는 프로젝트의 성격, 또는 개인과 팀의 경험 및 능력에 따라 다르다. 쉽고 빠르게 해결할 수 있는 문제를 먼저 우선순위화할 수도 있고 결과가 가져오는 효과가 가장 큰 문제를 먼저 공략할 수도 있다. 아니면 시간적으로 가장 시급한 과제부터 해결하는 것도 방법이다.

개인적으로 내가 사용하는 방법은 세 가지를 고려해 가중치를 두고 그 우선순위를 결정하는 방법이다.

Impact : 문제 해결이 조직에 가져올 효과의 크기
Feasibility : 실행의 용이성
Urgency : 문제 해결의 시급성

비교적 간단하면서도 정확하게 우선순위를 제시해주는 기준들이다.

4단계, 워크 플랜 작성
네 번째는 우선순위에 따라 본격적인 워크 플랜(work plan)을 수

립하는 단계다. 이슈를 해결하기 위해 세워진 가설들을 증명하거나 부정하기 위해 어떤 분석을 할지 세세하게 정의하고, 각각의 분석을 어떠한 타임라인에 따라 진행할지, 어떤 자료 소스를 활용할지 등을 정하는 과정이다. 워크 플랜을 짤 때는 작업별 목적과 최종 결과물을 명확히 정의하는 것이 중요하다. 워크 플랜이 작성되면 프로젝트 팀 내에서 공유하고 그것에 준하여 일하는 것을 원칙으로 삼고, 나아가 프로젝트 이해 당사자들에게도 알리고 이해시키는 것이 유용하다. 프로젝트에 대한 긍정적 기대감 고취와 필요한 지원에 대해 미리 준비시키는 효과를 기대해볼 수 있기 때문이다.

5단계, 분석과 실행

다섯 번째 단계에서는 실제적인 분석들이 이루어진다. 필요한 인터뷰를 하거나, 리서치를 진행하거나, 2차 자료에 대한 모델링을 하는 일련의 활동들이다. 인터뷰를 진행하고 구글링을 열심히 하고 필요한 엑셀 모델을 돌린다. 고객 조사를 하면서 전문가를 쫓아다니기도 하고 그 과정에서 더 좋은 참조 자료를 찾아내기도 한다. 가장 많은 시간이 소요되는 단계이기는 하나, 앞부분의 과정들이 얼마나 잘 준비되었느냐 하는 정도에 따라 이 단계를 단축시키거나 보다 효율적으로 진행시킬 수 있다.

가장 나쁜 프랙티스는 문제 정의, 문제 구조화, 워크 플랜 작성

등의 단계를 거치지 않거나 아주 소홀히 진행시키고 무조건 분석부터 뛰어드는 접근이다. 일단 자료부터 찾아보자라는 접근은 그야말로 최악이다. 그 과정에서 좋은 자료라도 몇 개 마주치게 되면, 프로젝트의 결론은 아주 쉽게 그 방향으로 치우치게 된다. 이산이 맞는지 방향성도 없이 무조건 더 높이 오르게 된다.

6단계, 인사이트 발굴 및 요약

여섯 번째, 이렇게 나온 분석 결과를 통합하고 핵심을 요약하는 (synthesize) 작업을 진행한다. 결과 안에서 맥락을 찾고 그 맥락이 지니는 시사점을 도출해내는 과정이다. 핵심적인 생각을 이끌어내고 그 생각에 대한 이유(why)를 지속적으로 캐물으면서 생각의 논거를 수립하는 단계라고 할 수 있다. 스토리를 구성하는 단계라고도 명할 수 있다. 분석을 통해 발견한 인사이트들을 단편적이고 독립적으로 제시하는 게 아닌, 논거의 틀을 정하고 그에 따라 물 흐르듯 플롯을 짜는 과정이다. 최종 결론을 내는 것에 직접적인 영향력이 가장 큰 단계다. 경험이 중요한 부분이기도 하며 팀의 중지가 모여 마지막 팀웍을 내야 할 단계다.

개인적으로 '기결승전결' 형태로 논거를 잡는 것은 선호한다. 문제 해결의 배경을 제시한 후 결론을 먼저 제안하는 방법이다. 분석의 제시는 결론을 뒷받침할 수 있는 내용들로 몰입시키며 집중적으로 결론의 유용함을 설득한다. 그 과정에서 자연스럽게 생기는 결론에 대한 의구심은, 피하지 않고 선제적으로 먼저 다룬다. 제시한 해결책에 대한 모든 위협을 자세히 언급하고 그 위협에 대한 해결책도 함께 내 놓는 방식이다. 이렇게 함으로써 나의 결론은 기회와 위협 양면 모두 살펴본 단단한 결과라는 점을 입증하게 된다.

7단계, 결과의 공유

마지막으로는 결과를 내부적으로 공유하고 설득하는 단계가 진행된다. 이 단계에서는 어느 순서로 누구에게 또는 어느 팀에 먼저 보고하고 논의할 것인가를 정하는 것이 중요하다. 결론에 대해서 논의하고 인풋을 받는 자리로 규정할 것인지, 아니면 최종 결론을 발표하고 실행에 대한 협조를 받는 자리가 될 것이지, 그 성격부터 정해야 한다. 관련된 의사 결정자들을 빠짐없이 챙겨보고 가장 적합한 시간과 보고 형태를 정해야 한다.

문제 해결을 하는 것에 있어서 이러한 방법이 최선이라고 이야기할 수는 없다. 각자가 하는 업무의 성격 또는 조직의 상황에 따라 다양한 문제 해결 방법을 찾아볼 수 있다. 크리에이티브 워크숍(creative workshop) 형태의 문제 해결 방법론 역시 개인적으로 많은 도움을 받았다. 가설과 파일럿 테스트 중심의 실험적인 접근과 집단 토론을 문제 해결에 접근하는 것은 매우 유용하고 효과적인 방법이라는 것이 개인적 경험이다. 특히 새로운 제품이나 서비스 개발 프로젝트를 이끌 때 큰 도움을 받곤 했다.

중요한 것은 어떠한 형식이든 자신만의 고유한 문제 해결 방법론을 찾아 그것을 죽어라 연습해서 자기 것으로 만들어야 한다는 것이다. 맥킨지의 경우에도 입사하는 첫날부터 이 접근 방법을 훈련시킨다. 자다가도 일어나서 이슈 트리를 그릴 수 있게끔 반복적으로 연습시킨다. '7 steps problem solving'을 모든 프로젝트에 적용하는 것을 의무화하고 있다.

이렇게 체계적으로 접근을 하다 보면 어느 순간 문제가 나를 지배하는 것이 아니라 내가 문제를 지배할 수 있는 능력이 생기고, 결국 이 세상 어떤 문제든 나는 해결할 수 있다는 자신감이 생긴다.

베스트 프랙티스,
워스트 프랙티스 그리고 프레임
Reference cases in your library

일을 잘하기 위해서 우리가 갖춰야 할 또 하나의 습관이 있다. 전략적인 부분이 아닌 전술적인 부분에서의 나의 비밀 도구다. 레퍼런스(reference) 케이스로 무장하고 있는 것, 성공 사례, 실패 사례 그리고 이론적 프레임을 알고 활용하는 전술이다.

박 차장은 비교적 차분하다. 회의 시간에도 자기주장을 서둘러 내세우지 않는다. 문제 해결이 빠르거나 회의의 흐름을 주도하지도 않는다. 판단이 서기 전에는 모든 가능성을 열어두며 고민한다. 그러나 그는 모든 회의에 초대된다. 사람들은 그의 이야기를 듣고 싶어 한다. 차별되는 자기주장이 없는데 회의 시간 내내 말도 많이 한다. 그가 있으면 회의가 유용해진다는 느낌을 받는다. 노트에 적어 가는 것도 많아지고 다음에 무엇을 해야 할지도 분명해진다. 활기가 넘친다. 모르는 시장, 새로운 주제, 불확실한 과제 앞에 서면 그의 의견이 더 궁금해진다. 그가 하는 역할 중 하나는 많은 관련 사례들을 의미있게 맥락적으로 제시해주는 것이다. 다른 시장에서 행해졌던 사례에 대해서도 많이 알고, 유사한 접근 방법을 택했던 다른 산업 군 사례도 풍부히 제공해준다. 과거 사례에서는 배울 점을, 현재 진행 중인 사례들에 대해서는 향후 전개 방향에 대한 관전 포인트를 제시하기도 한다. 잘 된 사례뿐만 아니라 실패 사례들도 자세히 파악하고 있다. 자신의 판단과 관점을 섣불리 제시하기보다 많은 토론과 생각할 거리를 제시하면서 논의를 이끌어간다.

생각의 촉매, 가고 서는 것의 교훈

베스트 프래티스(Best practice)라는 것은 한마디로 성공 사례다. 음악을 다운로드 받고 즐기는 방법의 일대 혁신을 일으키며 등장했던 아이폰, 온오프라인의 접목을 통해서 고객들에게 만족할만한 경험을 전달하고 있는 배달의 민족, P&G가 전통적으로 활용하고 있는 시장조사의 철저한 기준(norm) 관리와 오픈 이노베이션, 3M의 신제품 개발 NPD 프로세스에서 보이는 게이트 키핑 어프로치(gate keeping approach). 각각의 부분에서 중요한 베스트 프랙티스

(best practice)가 될 수 있는 예시들이다. 버버리가 디지털 기술을 접목해 피팅룸에서 혁명을 일으키고 있는 사례, 빅데이터를 잘 활용하여 심야 버스 노선을 새로 편성한 서울특별시의 사례, 주문 앱을 활성화시켜 고객 취향을 선제적으로 공략하고 있는 스타벅스, 이 모든 것들은 우리에게 새로운 생각의 거리를 제시하고 있는 좋은 사례들이다.

또한 나이키가 어떻게 그렇게 오랫동안 혁신적인 브랜드로 자리매김할 수 있는지, 'We Run'이라는 프로모션을 통해서 어떻게 전 세계의 젊은이들을 열광시키며, 나이키 이노베이션 키친에서는 어떤 일들이 벌어지고 있는지, 레드불(Red Bull)이 쿨한 이미지의 브랜드가 되기까지 얼마나 위험천만한 프로모션으로 화제성을 일으켰는지. 제품 리콜이라는 위기의 상황을 오히려 고객 신뢰 회복 기회로 삼았던 타이네롤의 위기 관리 전략은 무엇이었는지, 이러한 부분들에 대해서 굉장히 세세하게 공부해둘 필요가 있다. 그저 그런 것이 있었다, 그리고 효과는 '이런 정도였다.' 에서 그치는 것이 아니라 어떠한 배경으로 그러한 기업 활동(initiative)들이 시장에 소개가 되었고 그때의 환경과 당시 경쟁 상황, 그리고 공략할 수 있었던 타겟이 무엇이고 이를 통해 기업이 얻을 수 있었던 잇점까지도 상세히 알고 있어야 하는 것이다. 이러한 베스트 프랙티스(Best Practice)는 문제에 접근할 수 있는 방법에 대해 강력한 단서를 제시할 뿐만 아니라, 끝없는 영감의 훌륭한 원천이 된다.

워스트 프랙티스(Worst Practice)에 대한 부분도 반드시 챙겨두어야 한다. 노키아가 어떻게 시장점유율 47%의 절대강자에서 지금은 흔적도 없는 핸드폰 제조사로 전락했는지, 싸이월드가 가장 선구적으로 개인 커뮤니티라는 공간을 제시했음에도 불구하고 다음 단계로 나가는 면에서 실패하였는지, 개인적인 브랜드의 명망을 놓쳐야만 했던 타이거 우즈는 어떤 식으로 초기 위기 관리에 실패했었는지, 이러한 사례를 철저히 알아둘 필요가 있다. 많은 양의 케이스일 필요도 없다. 그리고 그것이 꼭 자신이 몸담고 있는 분야에 한정될 필요는 더더욱 없다. 많은 교훈과 인사이트는 다른 인더스트리를 들여다봄으로써 나온다. 자신이 몸담은 산업계가 아닌 다른 산업군 내에서의 실패 사례들을 꼼꼼히 챙겨보아야 한다. 그것들은 내가 어떠한 일을 하는 데 있어서 택하지 말아야 할 전략에 대한 명확한 가이드가 된다.

프레임의 고전적 파워

마지막으로 갖추어야 할 도구는 프레임이다. 프레임이라는 것은 어떤 문제에 대한 접근을 명확하고 단순하게 해주는 하나의 생각틀이다. 전략적인 부분에서 포터가 제시한 시장 진입 프레임(frame)이라든지, 마케팅 4.0 시대에 주목해야 할 4C에 대한 프레임도 있다. BCG 컨설팅에서 초기에 제안한 스타(STAR)와 캐시 카우(Cash Cow) 등을 구별하는 프레임들도 있다. HR의 경우에서도 각자가 가지고 있는 강점에 맞추어 자신의 성향을 공격 지향적인지 수구 지향적인지 등으로 구별하는 프레임을 가지고 있다. 조직을 이끄는 리더쉽에 대한 많은 이론적 프레임들도 개발되어 있다. 디지털 마케팅 분야에서는 미디어의 형태에 따라 달리 적용해야 할 전략을 구분한 프레임들이 있다. 구매 미디어(Earned media)와 소유 미디어(owned media)에 따른 다른 형태의 접근과 효과 측정 방식을 제시하기도 한다.

회사에 다닐 때 굉장히 일을 잘하는 차장이 있었다. 그 차장의 빨간 수첩 뒤에는 항상 새로운 프레임들이 메모가 되어 있었다. 신문 기사에서 또는 자신이 자주 찾아가는 블로그에서 발견한 새로운 프레임 중에서 인사이트를 가질 수 있는 부분들을 잊지 않도록 적어 놓고 외우고 다녔던 것이다. 이것은 그의 꼼꼼함을 보여주는 하나의 사례가 되기도 했지만 보다 중요한 사실은 이 프레임들을 그가 적절히 활용하고 있었다는 점이다.

회의 시간에 문제에 대한 접근이 막막하여 공허한 토론만이 쳇바퀴 돌듯이 오가고 있을 때 "아주 단순하기는 하지만 이러한 방법이 있습니다." 라는 말과 함께 그가 칠판에 나가서 적은 프레임은 우리의 문제 해결을 훨씬 더 용이하게 도와주었다. 부스터이며 촉매 역할을 하였다. 그가 가지고 있는 주도성이나 면밀함에 대해서 높은 점수를 주게 되는 것은 당연한 결과였다.

레퍼런스의 실력

레퍼런스 케이스를 많이 가지고 있어야 한다. 시각이 넓어지기 때문이다. 그리고 나의 의견에 힘이 실린다. 'Best Practice, Worst Practice, Frame.' 찾아보고 철저하게 암기하여 내 것으로 가지고 있어야 한다. 어떠한 프레임이든 상관없다. 모든 사람들이 쉽게 이해하고, 비교적 많은 사람들이 공감하는 프레임을 철저하게 외우고 있는 것은 필요하다. 막연히 알고 있고 어디서 한번 들어봤던 것만으로는 불충분하다. 한국식 암기 위주의 교육 방법이 힘을 발휘하는 포인트다. 그러니 공부해야 한다. 회사 들어오기 전까지는 열심히 공부하다 입사 이후에는 공부를 잊어버리는 경우가 많다. 그러나 이것들은 알고 활용할 때 고스란히 나의 경쟁력이 된다.

유용한 블로그도 수시로 방문하고 관심 분야 카페에도 가입하여 중요한 정보들을 수시로 익히자. 책을 사서 읽고 관련 시사 잡지를 정기 구독하자. 시간을 쏟고 노력을 들여야 한다. 그렇게 나의 도구로 소화해놓으면 내가 조직에 줄 수 있는 공헌이 늘고, 나의 일의 속도와 질을 훨씬 더 긍정적인 방향으로 변화시킬 수 있을 것이다.

당당하게
따라 하라
Copy, followed by creativity

따라 하는 것을 두려워하지 말자. 완벽하게 모방하면서 배워가는 과정을 꺼려하지 말자. 카피하는 것은 가장 효율적인 배움의 방법이 될 수 있다. 잘 따라 해야 자기 것도 잘 만든다. 미술계 거장들도 자신의 스케치를 가장 잘 모사하는 사람을 제자로 받아들인다고 한다. 따라 할거면 완벽하게 해야 한다. 그래야 제대로 배운다.

2010년 혜성처럼 등장한 샤오미는 애플을 카피하고 있음을 숨기지 않았다. 스마트폰의 디자인에서부터 이노베이션을 전면에 내세운 소통 방식, 최고 경영자 레이쥔은 청바지에 까만 터틀넥을 입고 스티브잡스와 똑같은 흐름의 신제품 발표회를 이끌었다. 대륙의 실수라는 찬사 아닌 찬사 속에서 2015년 중국 스마트폰 점유율 15%를 달성하며 1위의 위엄을 달성했다. 조직의 문화도 철저히 애플을 따라했다. 조직 책임자들의 다수를 실리콘밸리에서 직접 고용하고 혁신과 개방을 표방했다. 지금의 샤오미는 애플이 아닌 코스트코를 표방한다고 공식적으로 밝히고 있다. 완벽한 밸류 체인 형성을 통해 좋은 제품을 가장 합리적인 가격에 재공해 누구나 가질 수 있게 만들겠다는 포부다. 제품 자체의 혁신 외에 유통, 채널의 혁신을 도모하고 있는 것이다. 그들의 전략이 성공할 것인지에 대해서는 시장 내 의구심이 많다. 무리한 사업 확장 결과로 최근 급격하게 떨어진 중국내 시장 점유율을 보면서, 샤오미의 카피 전략이 그 바닥을 드러낸 것이 아닌가, 성급한 판단들이 오고 간다.

샤오미의 흥망과는 별도로 그들이 남을 따라하는 일에 얼마나 열심을 내고 있는지가 내 눈길을 사로잡는다. 따라 하는 것에 대해 망설임도 없고, 아주 당당하며, 세세히, 철저히 따라 한다. 어중간하지가 않다. 샤오미 폰은 매우 빠른 속도로 시장에 소개되었고, 열광적인 반응을 얻었고, 포지셔닝의 차별화를 이루었다. 그 바탕 위에 이제 밸류 체인을 혁신하겠다고 한다. 코스트코를 카피하겠다고 당당히 밝힌다.

LG전자에 근무하던 시절, 모든 보고서를 영문으로 작성하자는 전사적인 변화가 있었다. 굉장히 어려운 일이었다. 한 번도 영문 보고서를 써보지 않았던 팀원들이 대다수였고, 영어로 쓰는 보고서가 제대로 내용 전달을 할 수 있을지, 실효성에 대해서도 의문스러웠다. 하지만 해외 비즈니스가 80% 이상을 차지하는 글로벌 컴퍼니로서 각 지역과의 커뮤니케이션을 활성화시키고 전사적으로 일치된 용어와 생각을 갖는 것은 중요한 문제였다. 영문 보고서는 필요한 변화였다. 어렵지만 어떻게든 해보자는 생각이 전사를 움직였다.

1만 시간 따라 해야 내 것이 보인다

팀원들이 어떻게 하면 영문 보고서를 잘 쓰게 할 수 있을지를 고민했다. 외부 강사를 고용해 강의를 시행하자는 안도 있었고, 체계적으로 영작문 공부할 수 있는 기회를 마련하자는 제안도 나왔다. 내가 제안한 방법은 무조건 카피하자는 것이었다. 아주 잘 쓰여진 영문 보고서 몇 권을 놓고 첫 장 부터 끝장까지 완벽히 외우고 따라 쓰는 것이 지름길이라 믿었다. 영문 보고서에 쓰이는 단어라는 것은 기껏해야 2백여 개를 넘지 않는다. 주로 사용되는 문장 패턴도 비교적 일정하다. 많이 쓰이는 명사들은 이미 업무 중에 많이 사용하고 있는 경우가 많아 전혀 새롭지 않다. 가장 핵심적인 부분은 얼마만큼 동사를 잘 활용하느냐에 달려 있었다. investigate, probe, explore, explain, suggest, state, show, told, seem 등. 비슷비슷하게 쓰이는 동사들을 언제 어떻게 쓰느냐가 의사 소통의 질을 좌우했다. 철저하게 조사할 때는 'investigate'를 사용하고, 잘 모르는 부분을 일단 살펴본다는 의미에서는 'explore'를 쓰고, 깊이 살펴볼 때는 'probe', 이해하고 제시한다고 할 때는 'suggest'와 같은 단어를 쓰는 식이다. 동사를 모르는 것은 아니지만 어느 상황에 정확히 어느 동사를 써야 하는지, 그 뉘앙스적인 부분의 차이를 이해하는 것이 힘들다. 그렇다고 해서 중학교 때 배웠던 문법 공부부터 다시 시작할 수는 없는 노릇이었다. 많이 보는 방법밖에 없었다. 자꾸 보고 읽으면서 '감'을 기르는 수밖에 없었다.

모든 팀원들에게 주변에서 볼 수 있는 가장 잘 쓰여진 영문 보고서를 모아오게 했다. 외국 컨설팅 회사들의 업무 보고서, 광고 대행사의 제안서, 투자 회자들의 기업 분석 보고서 등 여러 가지 형태의 보고서들이 수집되었다. 그리고, 무조건 첫 장부터 마지막 장까지 모든 영문 표현을 외우게끔 하였다. 특히 헤드라인의 표현들, 결론 부분의 표현들을 집중적으로 암기시켰다. 그리고 그렇게 외운대로 자신의 보고서에 적용하도록 권장하였다. 너무 고급진 표현들을 카피해 쓰는 것이 처음에는 내 몸에 안 맞아 쑥스럽지만, 자꾸 실천하고 사용하다 보면 내 것으로 자리 잡는다. 조금 더 우리 조직에 맞는 표현으로 대체되기도 하고, 나의 의도에 적합한 표현이 머리에 떠오르기도 한다.

비단 영문보고서뿐만이 아니다. 일반적인 보고서 쓰기 훈련에서도 잘 된 보고서를 놓고 외우는 것은 효과적인 학습 방법이다. 이해하려 하지 않고 무조건 외우다 보면 그 보고서의 흐름이나 주장들이 어떻게 하나로 모아지는지, 그리고 주어진 자료를 바탕으로 어떻게 자신의 주장을 백업(back up)하는지 등을 알 수 있게 된다. 보고서는 흐름과 스토리가 중요한데, 그 부분을 학습하는 최고의 방법이 잘 쓰여진 보고서를 자꾸 들여다보는 것이다.

맥킨지에서 일하던 시절, 틈만 나면 다른 보고서들을 열심히 읽었다. 내용에 대한 학습보다, 보고서가 어떻게 구성되고 어떤 이야기 흐름을 가져가는지, 장표가 넘어갈 때는 어떻게 주위를 환기시키고 결론의 흐름을 어떻게 잡아가는지를 익히기 위해서였다. 쓰여진 용어들을 주위 깊게 살피고, 장표 구성이 달라질 때마다 읽는 사람으로서의 느낌 변화도 놓치지 않으려 했다.

나의 창조는 또 다시 카피된다, 긍정적으로

카피할 것은 보고서뿐만이 아니다. 기가 막히게 설득력 있는 선배의 이메일도 카피해보아야 한다. 눈길을 사로잡고 기억에서 떠나지 않는 이사님의 프레젠테이션 기술도 고스란히 카피해보아야 한다. 그때 쓰여졌던 제스처, 호흡과 발성, 아이 콘텍트를 하던 모습, 질문을 던지고 반응하는 방법. 낱낱이 관찰하고 고스란히 카피해볼 수 있다.

창조는 굉장히 많은 모방에서 비롯된다고 믿는다. 1만 시간의 인풋을 투하한 이후에 비로소 자신의 창의적 능력이 드러난다고 설파하는 사람들도 있다. 확실히 따라 하고 빠른 시간에 내 것화하는 것이 필요하다. 나만의 방법으로 창조해 보겠다며 어중간히 이도 저도 아닌 어딘가에 머물러 있는 모습은 최악이다. 철저히 카피하면서 배우겠다 맘먹고 달려들어 놓치지 말고 따라 해볼만하다. 러닝 커브를 줄이면서 스스로의 깨달음을 가속화시킨다. 그리고 어느 날 나만의 고유한 방식으로 쓰여진 내 보고서를 보게 될 것이다. 그리고 그런 나의 보고서는 누군가에 의해 또 카피되고 있을 것이다.

기억하라,
MECE는 언제나 옳다
MECE

회사에서 일을 하다 보면 여러 가지 일을 동시 진행해야 할 때가 많다. 한 프로젝트에 집중하고 있으면서 동시에 또 다른 프로젝트에 대한 인풋을 주어야 하고, 옆 팀이 하는 프로젝트를 위한 브레인 스토밍 회의에 참석해 아이디어를 내보기도 해야한다. 정신 없이 돌아가는 일상이지만 짧은 인풋이라도 효율적으로 주고 싶다. 실수하지 않고, '정말 그렇네.' 하며 주위에서 감탄할만한, 그런 판단을 하고 싶다. 바쁘게 짧게 보더라도 똑똑히 생각하고 싶을 때, 정신 없는 가운데 놓치는 것 없이 검토하고 싶을 때, MECE를 기억해야 한다

MECE(서로 배타적이면서 부분의 합이 전체를 구성하는: mutually exclusive, collectively exhaustive)의 개념은 문제 구조화의 기본정신이다. 문제 해결 과정에서 'MECE하다.'는 것은 해결해야 할 세부 이슈들이 서로 중복되지 않게 제시되면서 합체적으로는, 전체 문제 해결에 필요한 이슈를 다 포함하고 있음을 의미한다.

중복되지 않게, 간과된 것 없이

지금 내가 생각해놓은 이 제안들의 옵션이면 충분할까, 이 정도 리스트면 충분한 답이 나올 수 있을까. 주어진 과제에 대해 지금 이 문제들만 검토하면 되는 걸까. 또 봐야 할 것이 있나. 팀의 중간 결과에 대해 빠짐없이 피드백 준 건가. 아주 자주 마주치는 우리들의 고민이다.

B2B 영업팀에서 고객과의 관계 강화를 위한 새로운 시도를 고민해왔다. 고객을 대상으로 하는 세미나를 개최할 수도 있고 워크샵을 진행할 수도 있다. 고객들 간의 소통을 활발히 할 수 있는 커뮤니티를 구성할 수도 있고, 유익한 행사에 초대해서 고객사들 간의 네트워킹을 지원하고 서로 정보를 교환할 수 있는 플랫폼을 만들자는 제안도 나왔다.

각각의 아이디어는 모두 훌륭해 보인다. 이 정도면 충분한 거 같기도 하고, 리스트가 여전히 부족해 보이기도 한다. 갈피를 잡기 힘들다. 이런 경우 MECE의 원칙을 적용해 제안들을 검토해볼 수 있다. 온라인 플랫폼으로 할 수 있는 활동과 오프라인 플랫폼으로 할 수 있는 활동들로 나눠서 정리해본다든지, 제조사가 직접 주도하여 이끄는 행사와 간접적으로 주도하는 제안들로 구분지어볼 수 있다. 지식을 공유하는 것에 목적을 둔 것과 네트워크 강화에 목적을 둔 제안들로 나누어 각각 리스트 업해보는 방법들도 있을 것이다. 이 각각의 기준들은 서로 MECE하기 때문에 이 기준에 맞추어 세부적인 제안들을 정리하다 보면 한 쪽으로 치우치지 않으면서도 전체가 다 커버될 수 있다. 세부적 제안이 부족한 부분에 대해서는 추가적인 아이디어를 내어 보충할 수 있다. 멋진 제안 리스트가 탄생할 것이다.

고객 정보를 활용하여 보다 많은 수익을 창출하자라는 과제가 주어졌다고 가정해보자. 수익을 올리기 위해서는 먼저 수입을 늘리거나 지출을 줄이는 일이 있을 것이다. 수입을 늘리기 위해서는 금융 상품을 더 늘리거나 판매처를 늘리거나 고객을 더 확보하거나 고객 인당 판매량을 늘여야 할 것이다. 지출을 줄이기 위해서는 원가를 절감하고 세금 등의 간접 비용을 점검하고 상품 포트폴리오를 재조정하는 방법도 있을 것이다. 이렇게 큰 가지의 문제를 편갈라놓은 후에 각각 가지에 맞는 세부 제안을 찾아내면 된다. 이 때 큰 가지의 구분이 반드시 MECE해야 한다. 수입을 늘리거나 지출을 줄이거나. 그래야 세부 제안들이 빠짐없이 포함되고 검토된다.

가장 MECE한 것은 '남녀'라는 표현이다. 이 세상 모든 사람들은 남자 또는 여자라는 표현 안에서 남녀는 서로 배타적이면서도 그 둘을 포함하면 이 세상 모든 사람을 설명할 수 있다. 내 제안이 좋은 리스트인지 빠르게 확인하고 싶을 때, 주어진 문제에 구조적이면서 해결 용이하게 접근하고 있는지 판단하고 싶을 때 MECE는 간단하지만 파워풀한 원칙이 된다.

MECE의 원칙은 보고서 작성 시에도 유용하다. 보고서를 작성한 후 잘 쓰여진 보고서인지를 점검할 때 MECE를 기억하라. 모든 페이지의 헤드라인만을 읽어보면서 이들이 지금 내가 전하고자 하는 생각을 MECE하게 담고 있는지 살펴보아야 한다. 각각의 헤드라인이 서로 겹치지 않는 메시지를 말하고 있는지, 동시에 총체적으로, 내가 말하고 싶은 주제에 대해 온전히 전하고 있는지 검토해야 한다.

문제 구조화의 초석, MECE

일상 생활에서도 MECE를 적용하라. 그냥 생각하지 말고 MECE하게 생각하고 있는지 스스로에게 묻고, 실천해야 한다. 건강을 증진시키고 싶다라는 문제를 가정해보자. 운동을 하고, 비타민을 챙겨 먹고, 금주를 하고 등등 여러 가지 해결책들이 머릿속에 떠오를 것이다. 그런 제안들을 무작위로 정리하지 말고 일단 큰 가지에서 MECE한 그룹을 먼저 정해보라. 육체적 건강, 정신적 건강, 이렇게 큰 가지를 결정할 수 있다. 철저하게 MECE하다. 육체적 건강 중 더 증가해야 할 일, 감소해야 할 일로 소제목 그룹핑이 가능하다. 더 해야 할 일에는 각종 운동 제안들이 해결책으로 검토될 수 있고, 감소해야 할 그룹핑에는 폭음, 아침 거르기와 같은 습관들이 포함될 수 있다. 이렇게 제안된 것들 중 나에게 맞는 것들을 고를 수 있고, 우선적으로 해야 할 일들을 선정해 핵심 실천 사항들로 만들 수 있다. 모든 가능성을 철저히 포함시켰고, 검토하고, 선정하였다. MECE한 과정을 통해 선정된 사항들이므로 단단하고 부족함이 없다.

항상 MECE를 기억하라. 간단하고 쉽게 사고의 구조화를 가속화하면서 아주 그럴듯하고 충실한 제언을 쏟아낼 수 있는 나만의 무기가 될 수 있다. 모든 문제에 MECE 원칙을 적용하는 훈련을 하자. 아이들 학원 고르는 일에서 이번 주말 가족 외식 장소 옵션 검토까지. 재미있고 유용하다.

쓰레기를 넣으면
쓰레기만 나온다
Garbage in, garbage out

사무실 풍경 1

"브랜드에 대한 선호도가 매우 떨어지고 있습니다. 고객들의 고려군에 더이상 저희 제품이 포함되어 있지 않습니다."

"광고를 해야 하나?"

"광고 하면 주목도는 좀 높아지는 거잖아?"

"어떤 광고를 해야 하지? 일단 광고 에이전시 부르고, 멋진 광고 좀 만들어보자고"

팀장의 지시 하에 몇몇 광고 대행사와 미팅을 잡는다. 현재 우리가 직면한 어려움에 대해서 설명한 후 제안서를 요청한다. 공개 프레젠테이션을 통해 여러 에이전시의 의견을 비교평가한다. 그럴싸한 아이디어들이 많이 나온다. 이 제안은 이런 면에서 좋을 것 같고 저 제안은 또 다른 면에서 강점을 보이기도 한다. 창의적이고 눈길을 끌 수 있는 여러 프로모션 방법들도 연관되어 제안된다. 다 좋아 보인다. 동시에 다 비싸 보이기도 한다. 어떻게 판단해야 할지 모호하다. 예산만 허락한다면 모든 것을 해보고 싶은 마음도 굴뚝 같다. 보는 사람마다 관점과 생각이 다르고 결국 상사가 가장 마음에 들어하는 안이 채택된다. 상대적으로 왠지 가격 대비 가치가 높을 것 같은 안이 선택되기도 한다. 광고가 집행되고 멋진 비주얼과 함께 SNS에서도 화제가 된다. 광고 대행사는 광고가 성공적이었다고 자부한다. 광고주는 헷갈린다. 분명 광고는 원하는 대로 나왔는데, 우리가 원했던 목적은 달성되었는지 판단이 서지 않는다. 선호도 자체는 영향을 받지 않는 듯하다. 브랜드 선호도는 그렇게 빠른 시일 안에 올라가는 것이 아니라는 에이전시의 설명이 어느 정도 일리가 있어 보인다.

　화려한 숫자로 도배 되어있는 에이전시의 광고 효과 보고서를 받아보면 판단력은 더 흐려진다. '광고만 잘 나오면 뭐해? 원하는 것을 얻은 거야?' 상무의 이 질문 앞에 팀장의 머릿속이 하얘진다. 원하는 바가 초기에 정확히 규명되어 있지 않았기 때문에 무엇이 잘되고 무엇이 미흡했는지 알 수가 없다. 막연한 브랜드 선호도가 아닌 구체적인 광고의 성공을 판단할 수 있는 KPI, 브랜드 선호와 연계되는 선결 지표들이 개발되고 그 기준으로 광고를 선택하고 집행하고 효과를 측정했어야 하는데 그 과정이 없었던 것이다.

어떻게 해야 광고 잘했다는 소리를 듣는 건지, 고객 구매 행동을 바꾸려면 어떻게 해야 하는 건지, 팀의 고민은 더 깊어진다.

사무실 풍경 2

"새롭게 들어가는 인도네시아 시장은 저희 회사로서는 아무런 사전 정보가 없습니다. 이 시장 고객들에 대한 이해도를 높이는 것이 필요합니다."

"고객 조사를 해보지. 리서치 잘하는 회사들과 고객 설문을 해보라고. 궁금한 점 물어보고"

어렵게 리서치 예산 5천 만원이 확정되고 지역의 고객 500여 명을 서베이(survey)하여 질문해본다. 실사가 제대로 진행되는지 현장에도 직접 출장 가보고, 정해진 시간 내 자료 수집이 될 수 있게 지역 본부에 업무 협조 요청도 잊지 않는다.

그러나 리서치 결과는 새로운 발견이 없다. 왠지 우리가 이미 아는 것에 대한 확인만 해주는 것 같다. 우리 브랜드는 알려져 있지 않고 경쟁사 A, B 브랜드가 선호되고, 그들은 이런 이유로 인기가 있고, 대략 이 정도의 자료다.

왜 이런 이유가 고객들에게 중요한지 알고 싶은데, 그것은 설문지에서 커버되지 않았다는 에이전시의 단호한 대답이 되돌아온다. 다른 세그먼트의 반응들도 함께 비교해보고 싶었지만 그 또한 초기 샘플링에서 제외됐기 때문에 비교가 가능하지 않다고 한다. 리서치 회사가 알아서 먼저 제안해주었어야 되지 않느냐며 탓해보기도 하지만, 설문지를 다 같이 컨펌했고, 급하게 실행된 리서치가 진행된 것만도 감사해야 하는 처지에서 딱히 할 말도 없다.

"역시 리서치는 무용지물이야." 팀장의 볼멘 목소리가 돌아온다. 리서치란 이미 내가 가설로 갖고 있는 것을 숫자로 알려주는 것에 불과한 것인데, 그 점을 잊고 있었다. 가설이 충분히 개발되지 않았으며, 결과에 대해 추가적으로 파악해야 할 점을 미리 예상하지 못했다. 준비 부족으로 기회를 날려버렸다.

사무실 풍경 3

경쟁사의 디지털 커뮤니케이션이 큰 반응을 얻는다. 뷰어 숫자도 많고 좋아요 하트도 엄청 받았다.

"우리도 하자. 좀 눈에 띄는 거 하나 잘 만들어봐."

이왕이면 스케일도 크게 해외 촬영도 불사한다. 온갖 트렌디한 모습은 다 갖추고 다른 브랜드들과 연계하여 오픈 사이트도 대폭 확보하였다. 다양한 채널이 동원되고 마이크로 기술의 도움으로 타깃팅도 정교화시켰다. 홈페이지, 앱, 인기 상용 미디어까지 일관된 내용으로 총동원된다. 커뮤니케이션은 흥행 성공. 경쟁사를 압도하는 화제성을 보여준다. '좋아요'의 클릭은 끝이 없어 보인다. "다 좋은데, 잘했는데… 그래서… 그런데, 지금부터는 뭘하지?' 이 많은 '좋아요' 사람들과 다음은 뭘 하는 거지? 어떻게 엮어나가지? 우리 제품 쪽으로 끌어 오려면 갈 길이 뭔데, 지금부터 시작인 거 아닌가?"

갑자기 던지는 상무의 질문 하나에 팀의 표정이 어두워진다. 같은 스케일의 다음 활동을 하기에는 예산이 없다. 있더라도 어떻게 끌고 나가야 할지 생각이 없다. 막연히 영업에 도움이 될 것이라고는 생각하지만 언제 누구를 통해 어떤 강도로 이 모든 반응을 규합시켜 나갈지는 답이 없다. 다음 스텝이 전혀 기획되지 않은 채, 그냥 잘 만들고 잘 내보내고 했던 것이다. 그것이 성공이라고 착각하고 있었던 것이다.

쓰레기를 넣으면 쓰레기만 나온다(Garbage In, Garbage Out). 기획 단계에서 내가 이루고자 하는 것이 무엇인지 명확하게 하지 않는다면 세상 훌륭한 에이전시들과 일을 한다고 해도 내가 원하는 결과를 얻을 수 없다. 목적이 분명해야 한다. 어떤 타깃에 어느 정도 도달하고 어떤 반응을 유도하고 어떤 행동을 촉진시킨다는 목적이 명확해야 한다. 그 달성 여부가 KPI로 규정되어 있어야 한다.

실패하는 것인지 성공하는 것인지 판단할 수 있는 KPI를 정하고 이해 관계자들이 미리 동의해야 한다. 그것을 기준으로 내가 행한 광고, 리서치, 마케팅 커뮤니케이션이 소기의 목적을 달성했는지, 결과가 만족할만한 것인지에 대해 판단할 수 있어야 한다.

리서치가 내가 가진 모든 문제에 대한 답을 주리라고 기대하는 것은 매우 어리석다. 정량 조사의 경우에는 내가 이미 생각하는 것을 숫자적으로 증명해주거나 부정하는 것이 그 주된 목적이다. 내가 몰랐던 것을 새롭게 알게 해주는 데에는 한계가 있다. 그렇기 때문에 리서치를 기획하기 전에 가설이 증명되었을 때에는 어떻게 판단할 것이며, 이것이 부정되었을 때에는 어떠한 추가적인 질문이 필요한지를 꼼꼼하게 준비해야 하는 것이다. 고객 대답에 대한 가설을 잡고, 반응에 따라 우리가 제공할 수 있는 추가 제안도 미리 기획해 질문지에 포함시켜놓아야 한다. 신제품을 좋아하지 않는다면 몇 가지 가설을 개발해 이유를 파악하고 대안적으로 택할 수 있는 변경된 제품 안도 포함시켜 질문지를 설계해야 한다. 기획 단계에서 철저히 고민돼야 의사 결정에 도움되는 리서치 결과를 얻게 된다.

우연한 성과는 필연적인 독이다

폭발적인 SNS 반응은 아무 것도 가져다주지 않는다. 한시적인 마케터의 자기 위안일 뿐이다. 다음 단계가 미리 계획되어 있어야 하고, 추가적으로 끌고 갈 메시지와 채널들이 선정되어 있어야 한다. 관심을 보인 고객들을 어떤 커뮤니티로 유인할 수 있는지, 그들의 특성에 맞게 몇 가지 선택 안을 제시해놓아야 한다. 일관성과 지속성이 생명인 현재의 시장에서, 간헐적으로 이루어지는 한순간의 주목 집중은 나의 브랜드를 무계획적인 인격으로 만들며 위태롭게 할지도 모른다.

늘 새로운 일을 착수하는 것에 쫓기는 기업의 생리상, '일단 시작하고 보자.' 라는 재촉이 일반적인 것이 현실이다. "일단 광고 에이전시부터 만나서 어떻게 할지 안을 들어보자고.", "일단 리서치를 발주하고 그 결과가 나오면 살펴보자고.", "일단 디지털 플랫폼을 만들어보고 컨텐츠부터 올리자고." 라고 말이다.

일단은 눈에 뜨이는 일을 먼저 한 다음에 그 결과를 보고 판단하자라는 자세가 만연하다. 그것이 달콤하고 편하고 일하는 것처럼 보이게 한다.

그러나 기획 없는 'Garbage in'은 활용되지 않는 리서치, 효과 측정이 어려운 프로모션, 아무도 쓰지 않아 쓸쓸히 남겨진 디지털 플랫폼, 'Garbage out'을 우리 앞에 가져다줄 뿐이다. 기획이 전부다. 기획 단계에서 일주일을 더 소모하는 것이 전체 프로젝트 기간의 두 달을 줄일 수 있다고 확신한다. 일단 시작하라고 재촉하는 팀장에게 여러분은 목소리 높여 이렇게 이야기해야 한다.

"가설을 세우고 디자인하는 앞 단계에 조금 더 시간을 쏟게 해주십시오. 이 방법만이, 실행력이 강화된 훌륭한 결과를 도출시켜줄 것입니다."

딱 두 걸음만
더 가봐라
Going extra mile

사람은 누구나 자신에 대해 관대하다. 가장 잘 알고 잘 이해하는 사람이 다름 아닌 자기 자신이기 때문이다. 어떠한 행동에 대해서도 거기에 합당한 이유가 쉽게 떠오르고, 설득이 되던 안 되던 나로서는 그럴 수 밖에 없었던 최선의 행동이었다고 무의식적으로 합리화시켜 나간다. 타인과의 관계, 특히 직장내 관계에 있어서도 이런 '후함'의 오류는 쉽게 일어난다.

늘 어려운 일은 내 몫인 것 같고, 옆에 앉아 있는 윤 과장은 특별히 하는 일 없이 팀장님의 신뢰를 받고 있는 듯하다. 불합리한 상황을 참아내는 것도 나인 것 같고, 회의시간에 제대로 말도 못 꺼

내보고 독박을 쓰고 나오는 것도 나 자신인 것만 같다. 늘 베푸는 것도 나인 것 같고, 그 베품에 비해 돌아오는 은혜는 늘 턱없이 부족하다는 생각이 든다. 팔이 안으로 굽는 전형성에서 비롯되는 '자기 선행의 과장'인 것이다.

잘 아는 후배 하나는 사람과의 관계에 있어 자신의 마음을 다스리는 기준점을 하나 가지고 있다. 6:4의 법칙이 그것이다. 타인과의 관계에서 늘 자신에 대해 후한 평가를 하는 자기 선행의 과장심을 조절하기 위해, 내가 6을 주고 상대에게 4를 받으면 비로소 본전이라는 생각을 늘 하고 있다는 것이다. 자신이 생각하기에 6 정도를 했다고 판단될 때 객관적으로는 5 정도를 겨우 할까말까 하다는 것이 그 후배가 관찰하고 깨달은 진실이라는 것이다. 영리한 기준이다. 정말 맞는 기준이기도 하다. 그런 후배의 마음 다스리기 기준에 나는 한 가지를 더 얹어 주었다.

"받아야 할 4도 시간차가 있게 올지도 몰라. 즉, 지금 6을 주었지만, 돌아와야 할 4는 내년이 될 수도 있고, 후년이 될 수도 있고, 어쩌면 6을 준 그 사람이 아닌 전혀 다른 사람으로부터 돌려 받는 4가 될 수도 있고."

너무 알기 때문에 부풀려진다
'자기 선행 과장', 타인과의 관계 정립에서 반드시 기억하고 있어야 할 이 슬픈 진실은 업무에 임하는 우리의 태도에도 많은 영향을 끼친다. '이 정도면 될 거야. 이 정도면 지시한 것은 다 한 거고 대리치곤 썩 잘 한 거라고' 라는 이런 생각은 흔하게 경험하게 되는 우리의 자기 합리화다. 이러한 합리화는 다른 사람과의 비교에서 그 절정을 이룬다. '지난 번 심 대리가 한 결과에 비하면 정말 나은 거지 뭐, 그 때는 행사 초청 VIP리스트도 일주일 전에 급하게 나왔는데, 내가 이 정도 미리 준비하고 있는 건 정말 뛰어난 거지. 이제 겨우 대리인데 여기 정도까지 하면 된 거지 뭐.'

직급에 대한 주변 기대감까지 가늠해보면서 자신의 업무 성과에 대한 만족도는 최고점을 찍게 된다. 그러나, 10을 했다고 생각하는 내 평가와는 달리 팀장의 태도는 매우 실망스러울 수 있다. 잘된 부분에 대한 인정은 전혀 없이, 부족했던 부분을 먼저 지적할 수도 있고, 가능한 기회보다는 위협 요인들에 대한 방어가 제대로 되어 있지 않음에 더 신경을 쓰는 것 같이 보인다.

'하나도 모르면서, 제대로 알려고 하지도 않으면서, 이상한 질문만 하고 있어. 이 정도 잘했으면 할 만큼 한 거 아닌가? 도대체 제대로 된 인정을 안 해줘.'

팀장에 대한 불만의 수위가 높아지고 정당하지 않은 평가라 억울한 생각이 든다. 팀장의 판단력 부족이 가장 큰 원인이고, 굳이 나의 잘못을 찾자면 자신의 성과에 대해 제대로 표현하지 못하는 표현력 부족 정도라는 생각이 억울함을 가중시킨다. 그러나 아주 많은 경우, 이러한 상황에 대한 진실은 표현력의 부족에서 오는 결과 전달의 오류가 아닌 정말 내가 한 일의 품질 자체가 함량 미달인 경우가 훨씬 더 많다.

자신에 대해 후할 수밖에 없는 우리의 속성으로 인해, 10을 했다고 생각하는 나의 판단 자체가 아주 큰 착각이었던 것이다.

착각의 댓가는 예상보다 혹독하다

더 중요한 것은 그러한 착각에 눈 멀어 있는 대가는 고스란히 혼자 치뤄야 한다는 것이다. 돈 받고 다니는 조직은 친절하지 않다. 개개인이 가지고 있는 자기중심적인 착각을 굳이 지적하여 바로 잡아주려 하지 않는다. 공식적인 업무 피드백 문화가 제대로 정착되어 있지 않은 한국 회사에서는 이러한 나의 착각을 바로 잡을 수 있는 계기가 더욱 드물다. 그저 핀잔처럼, 술자리에서 오가는 한두 마디의 알 듯 모를 듯한 언질로 우리의 빈정을 상하게 할 뿐이다.

"이 대리는 다 좋은데, 어쩔 때는 좀 소극적인 것 같아, 조금 겁이 많은 거 같기도 하고. 그냥 그렇다는 거지, 특별한 건 아니고."

그러한 지적에 대한 우리의 반응은 '뭘 자세히 알지도 못하면서 이상한 말만 하네.' '술 취했나, 아무 말 대잔치야. 여하간 정말 우리 회사 문화는 이상 하다니까.' 라는 또 다른 자기 방어를 낳게 하고, 우리 착각의 벽은 더 굳건하고 견고해진다.

결국, 연말에 받아드는 고가 평가가 예상보다 낮아 깜짝 놀라게 되거나, 믿었던 승진에서 옆 부서 한 과장에게 밀리는 원하지 않는 서프라이즈를 눈 앞에서 목격하게 될 때서야, 비로소 어디에서 나의 착각이 시작되었나 되돌아보게 된다. 그나마 그것을 깨닫게 되는 것도 다행이다. 어쩌면 정당하지 않은 주위 환경 탓을 하며 나의 시선을 본질로부터 떼어내버릴지도 모른다.

호랑이를 그리려고 해야 고양이라도 그린다

'호랑이를 그리려 해야 고양이라도 그리게 된다'. 이 말을 좌우명처럼 삼고 산다. 가슴에 품는 비전이 크고 근사해야 한다는 의미가 아닌, 매일매일 내가 해내는 일의 품질에 대한 스스로의 기준점을 잡는 좌우명이다.

'이 만큼이면 충분하다. 이 정도면 과장급에서 할 수 있는 건 다 한거다.' 이와 같은 생각이 내 성과의 질을 떨어뜨리고, 주위에서 기대하는 것 만큼도 못하고 마무리하게 한다. 지금은 사원이지만 대리처럼 사고하고 행동하는 것, 지금은 과장이지만 팀장처럼 사고하고 행동하는 것, 그래야만 겨우겨우 사원의 몫을 해내고 과장의 몫을 해내는 것이라는 것을 믿는다. 그래야만 어느 날 정말 대리가 되고 팀장이 될 수 있다고 믿는다.

딱 정해진 만큼이 아닌 거기에서 두 발자국만 더 나아가보자. 그래야 겨우겨우 결승점을 통과할 수 있다. 이제 됐다 생각될 때, 지금 내 직급에 이 정도면 된다는 생각이 들 때, 그 기준점 자체가 나에게 후하게 당겨져 있는 오류라는 생각을 해보자.

힘들지만 계속 연습해 나의 기준점 자체를 수정해보자. 완벽한 분석을 한 번 더 푸쉬하고, 커뮤니케이션의 부지런함을 한 번 더 발휘하고, 주위를 둘러보며 도움될 부분을 찾아보자.

그래야 어느 날 호랑이를 그리려 했으나, 귀여운 고양이라도 끌어안고 있는 나 자신을 보게 될지도 모른다.

가설이 시작이고
마지막이다
Hypothesis

가설은 '예측적 해답'이다. 검증이 되면 진리가 되고 부정되면 다른 진리를 증명하는 역할을 한다. 주어진 문제에 대해 초기 가설을 세운다는 것은 문제 해결에 뛰어들기 전 해결책을 미리 헤아려보는 것이다. 문제 해결로 가는 약도를 그려내는 것이다. 하지만 많은 경우에 '모르니까 문제 해결을 하려는 것인데 어떻게 아무것도 모르는 단계에서 가설을 갖느냐.'는 의심을 가지게 된다.

하지만 아무것도 모르기 때문에, 헤아려 봐야할 것이 너무 많고 복잡하기 때문에 가설을 가지고 접근해야 한다. 길을 잃지 않고 우선순위가 생겨난다. 일을 잘한다는 것은 어떻게 일에 접근하느

나의 문제이며 그 중심에는 '가설'을 가지고 접근한다는 원칙이 존재한다.

몰라서 쓰는 것이 가설이다

박사 학위 논문을 쓰면서 가설에 대해 처음 훈련받았다. 미국과 한국의 소비 행동을 비교하는 논문이었다. 양국 소비자들이 가지고 있는 고유의 가치 체계가 그들의 소비 행태에 어떻게 영향 주는가를 고찰하는 논문이었다. 한국 소비자들의 행태에 대해서는 어느 정도 감이라도 있었지만, 같은 문제에 대해 미국 소비자들이 어떻게 행동할지에 대해서는 아는 바가 부족했다.

일단 2차 자료 조사부터 철저히 하고 양국 설문 조사를 진행해 비교 분석을 해보려 했다. 지도 교수님이 초기 가설을 요구하셨다. 모르니까 논문을 쓰겠다는 것인데, 어떻게 가설을 먼저 잡으라는 것인지, 이해되지 않았다. 쓴다 해도 너무 엉뚱한 소설만 써놓아 망신 당하는 건 아닌지, 영 자신이 없었다. 교수님은 그런 나에게, 가설은 원래 틀리라고 써놓는 거라면서 나의 모든 지적 능력을 총동원해 자세하고 그럴듯한 가설들은 개발해보라고 하셨다.

첫 날 썼던 가설은 허접하기 이를 데 없었다. 소설 치고도 유치한 소설이었으며, 앞뒤가 안 맞고 개연성이 너무 높아 엉성하게만 보였다. 맞는 답을 써야 한다는 강박에 도저히 틀릴 수 없는 답변들로만 채워져 있기도 했다. 하지만 논문이 진행되면서 새로운 사실들이 하나 둘씩 발견되었고, 가설들도 따라서 진화하였다.

틀린 가설은 지워지고 새로운 가설이 그 자리를 차지하였다. 증명된 가설은 또 다른 가설을 만들어내고 그것을 증명하기 위한 새로운 분석이 시작되었다. 점점 깊고 촘촘히 문제 해결이 진행되었다. 첫 날 썼던 볼품 없는 가설은 6개월 후, 아주 멋진 결론으로 탈바꿈해 있었다. 그 어느 것도 첫날 써놓은 가설과 일치한 것은 없었다. 오히려 다행이었다. 그만큼 열심히 자료를 찾고 분석을 했다는 반증이기도 했기 때문이다. 그것이 가설이 갖는 힘이었다. 맞고 틀리고는 문제가 되지 않았다.

가설은 등대이자 나침반, 침몰을 막아준다

가설이 있었기 때문에 나는 모든 문제 해결에 있어서 구심점을 가질 수 있었다. 어떤 분석에 어떻게 더 시간을 쏟아야 하는지 우선순위가 결정되었고, 내가 해야 하는 것 중에 빠진 부분이 없는지 늘 살필 수 있었으며, 어떠한 제안이 어떤 흐름으로 연결될 수 있는지 미리 생각해볼 수 있었던 것이다.

업무를 하는 데 있어서도 가설은 늘 나의 기본 무기였다. 새로운 세탁기를 개발하기 위해 인도 가정들을 직접 방문했을 때의 일이다. 인도 지역의 고객들이 어떻게 생활하고 그들에게 세탁기는 어떠한 역할을 하는지에 대해서 아는 바가 없었다. 방문에 앞서 내가 가지고 있는 궁금증을 질문의 형태가 아닌 가설의 형태로 정리하였다.

예를 들면, '세탁기가 그들에게 어떤 의미일까?'라는 궁금증에 대해 '하인들이 많은 집에서는 전혀 관심 없는 제품으로써, 고장만 안 나면 된다는 태도가 지배적임. 고장 시 빠르게 수리되는 AS네트워크에 대한 관심이 매우 높고 첨단 기능에 대한 수용도는 매우 낮음'과 같은 가설들을 개발해놓은 것이다. 이렇게 가설을 써 내려가다 보면 그에 따라 어떤 질문을 하고 어떤 자료를 수집해야 할지가 분명해진다. 막연히 '어떤 세탁기가 좋으세요?'라는 질문 대신 첨단 기능을 갖춘 세탁기가 얼마나 매력적인지, AS가 얼마나 중요한 선택 기준이 되는지를 질문할 수 있다. 한 번의 인터뷰에서 내가 얻을 수 있는 인사이트의 깊이가 달라지는 것이다. TV 소비 행태 파악을 위한 고객 인터뷰를 진행할 때도, TV 역할에 대한 가설을 미리 작성한 후 소비자들을 만났다. 가족 유대감 증진 역할, 가정 내 전자기기 허브로서의 기대, 타 기기와의 연결 역할 등 소비자들이 기대하는 TV의 모습을 미리 예측해보고 각각에 대해 구체적으로 질문하였다. 주어진 시간 내에 훨씬 더 빨리 결론에 접근할 수 있었고 보다 집중적인 분석으로 결론을 증명해낼 수 있었다.

프로젝트를 진행하다 보면 중간중간 생각하지 못했던 방향으로 프로젝트가 흐를 때가 있다. 사공이 많다 보면, 상사의 인풋 하나에, 잘 진행되지 않은 옆 팀과의 업무 협조 회의 결과 때문에 프로젝트는 본래 목적을 잃어버리고 표류하게 된다. 가설 없이 질문만으로 출발한 경우, 이런 상황에 당면하게 되면 프로젝트의 중심 문제를 잃어버리기 쉽다. 무엇을 해결하려 했는지 그 중심을 잃은 채 그때그때의 주변 피드백으로 방향이 틀어져버린다. 가설은 이럴 때 우리를 잡아준다.

결론에 집중하게 하고 증명하거나 반증하는 작업에 몰두하게 만들어준다. 프로젝트의 나침반인 것이다.

시간이 급할수록 가설이 필수적이다

가설을 가지고 문제 해결에 뛰어들면 시간도 절약된다. 관련된 모든 사실을 일일이 분석해 최종 대답을 제시하는 것 보다, 가설을 입증하거나 반증할 목적으로 분석을 하는 것이 훨씬 더 효과적이다. 미로 찾기를 할 때 출발점에서 목적지로 가는 것보다 목적지에서 거꾸로 출발지로 향해 가는 것이 훨씬 시간이 절약되는 것과도 같은 이치다. 내가 잘못 길을 들어서고 있는지 어느 길이 더 지름길인지를 가설적 접근을 통해 더 빨리 알아낼 수 있기 때문이다.

주변과의 소통도 훨씬 더 원활해지고 더 많은 인풋도 받을 수 있다. "요즘 원가 절감 프로젝트 한다고 하던데, 잘 진행되나?"라는 상사의 질문에 "네, 잘 진행되고 있습니다. 방대한 자료를 분석 중에 있습니다."라는 답은 전혀 매력 없다. 상사도 자신이 도울 부분이 없기 때문에 대화에 흥미를 갖지 않는다.

반면 "네, 잘 진행 되고 있습니다. 제품 구매 과정에서 초기 가설적 기회들이 있어 집중 분석 중입니다."라는 답은 상사의 관심을 집중시킨다. 자신이 알고 있는 구매 관련 기회를 투척하기도 하고 본인 생각에 그쪽이 맞는 답이 아니라면 적극 말리기도 한다.

"구매 관련은 지난 번에도 살펴봤는데 개선 여지가 별로 없어. 환율 쪽 연관해 글로벌 소싱 쪽으로는 좀 기회가 있을 거야." 상사의 관심을 끄는데 성공함은 물론 또 하나의 아주 귀한 가설을 얻게 되는 순간이다. 상사의 경험과 지식이 녹아든 가설이니 증명될 가능성도 높다. 프로젝트가 또 한 번의 중요한 발전 기회를 잡은 셈이다.

초기 가설은 큰 준비가 필요하지 않다. 그러나 용기가 필요하다. 내가 알고 있는 제한된 정보에서 최대한 지적인 예측을 하는 것이다. 팀과 브레인 스토밍을 하거나 핵심 문헌을 빠르게 스캐닝 해 보는 것은 그 출발점으로 유용하다. 퀵 앤 더티 분석(quick and dirty enalysis)을 통해 아주 간단히 그 가설의 유용성을 검증해 보는 것도 좋은 방법이다. 좋은 가설에 대한 일반적인 특성들은 다음과 같다.

논쟁의 여지가 있는 가설(arguable) : 맞고 틀리는 것에 대해 다른 생각이 존재해야 한다. '사람은 죽는다.'는 가설이 아니다. 그냥 사실이다. 틀릴 수 없는 상황 묘사는 가설이 될 수 없다. '연비를 우선시할 때 성공할 수 있다.' '가장 빠르게 성장하는 세그먼트에 마케팅 활동을 집중시켜야 한다.'

이것은 가설이다. 왜냐하면 다른 주장이 존재할 수 있기 때문이다. 왜 빠르게 성장하는 세그먼트여야 하는지, 이익이 많이 남는 세그먼트이거나 경쟁이 가장 덜한 세그먼트이면 안 되는지, 이러한 논쟁이 있을 수 있다. 그리고 추가적인 분석을 통해 그 옳고 그름이 판단될 수 있다. 그래서 좋은 가설이 될 수 있는 것이다.

근거가 있는 가설(reasonable) : 근거가 있어야 한다. 가설을 형성시키는 논거를 갖을 때 더 좋은 가설이 된다. '아이가 없는 젊은 커플들의 숫자는 향후 3년간 25%씩 성장할 것이다.' 라는 가설보다 '아이가 없는 젊은 커플들의 숫자는 지난 5년간의 평균 성장률 25%를 향후 3년간 유지할 것으로 보인다.'가 더 좋은 가설이 될 수 있다.

이러한 가설을 갖게 되면 우리의 분석은 지난 5년간의 사회 변화와 앞으로 3년간의 사회, 인구 변화가 어떤 차이점을 보이게 될지에 집중하게 되고 그것이 큰 차이가 없다면 가설을 인정하고 그렇지 않다는 결과가 나온다면 가설을 부정하게 된다. 증명할 수 있는 분명하고 실용적인 근거를 제시하는 것, 그것이 좋은 가설의 두 번째 조건이다.

관련성 있는 가설(relevant) : '2030 세대의 차 구매율은 지속적으로 성장할 것이다.' 라는 가설보다는 '2030 세대의 라이프스타일 변화에 따른 디지털 커넥티드 차량 구매가 지속적으로 성장할 것이다.' 라는 가설이 더 좋은 가설이다.

새로운 차량 개발을 위한 프로젝트라면, 어떤 차량이 개발되어야 하는지 방향성을 보여주어야 한다. 지금 내가 풀어야 할 문제에 대한 직접적 관련성을 내포해야 한다. 세그먼트의 구매율 증가가 차량 개발 어느 면에 영향을 줄 것인지가 가설에 포함되어야 하는 것이다. 각각의 가설은 독립적으로 작용하면서, 뚜렷하고 관련성 있게 결론의 방향성과 연계되어야 한다.

구체적인 가설(specific) : 구체적일 때 입증될 수 있고, 구체적일 때 다른 가설들이 연계되어 생성될 수 있다. '많은 고객들이 주로 오후 시간을 이용해 대리점을 방문한다.' 라는 가설보다 '토요일과 일요일 오후 시간에 차량 구매자 70%가 대리점을 방문한다.'와 같은 가설이 문제를 더 체계적으로 풀 수 있게 가이드한다. 요일별 변화는 어떠한지, 어느 정도 소비자들이 흡수되는지, 시간대별 차이는 어떠한지, 중요한 분석들을 놓치지 않고 하게 된다. 구체적이고 중요한 사항들을 반드시 포함시키는 것, 또 하나의 좋은 가설을 개발하는 원칙이다.

행동 지향적인 가설(action-driven) : 가설이 증명 또는 부정됨에 따라 할 수 있는 일이 달라지는, 행동 지향적인 가설이 더 유익하다. '가격에 민감한 집단의 경우 에어컨의 히팅 옵션을 원하지 않는다.' 라는 가설은 증명된 후 취할 수 있는 액션이 제한적이다. 히팅 옵션을 포기하는 것 뿐이다. 그러나 가설을 달리 잡아 '가격에 민감하지 않은 세그먼트 고객들의 경우 에어콘의 히팅 옵션을 당연한 기본 옵션으로 간주하고 있으며 빠르게 히팅 되는 기능에 대한 선호가 높다.' 라고 한다면 결과에 따라 취할 수 있는 액션이 더 많아 진다.

같은 현상에 대한 가설이라 할지라도 어느 방향에서 가설을 잡느냐에 따라, 증명되었을 때 취할 수 있는 액션이 다를 수 있는 것이다. 액션 선택폭이 넓게 나올 수 있게 가설을 선택하는 것이 유익하다. 전체 분석의 질을 높혀줄 수 있다.

가설적인 제안을 두려워하지 말자. 아무것도 모른다고 해서 가설을 쓸 수 없는 것은 아니다. 첫 날의 가설이 있다. 매일매일 발견되는 새로운 사실들과 함께 바뀌고 업그레이드되어 훌륭한 결론으로 진화한다. 가설이 정교하고 정확해질수록 결론은 실행 가능성이 높아진다. 아무것도 없는 깜깜한 바다에서 헤매지 말고 지도를 펴고 가장 영악한 루트를 개발하라. 그리고 그것에 집중하라. 가설은 습관이다. 작은 성공을 경험하게 되면 그 습관은 더욱 공고화된다. 그렇게 문제는 하나씩 하나씩 해결될 것이다.

통찰력은
훈련이다
Insight by practice

'통찰력을 가져라, 인사이트를 발굴하라.'

밑도 끝도 없는 이 주문 앞에 기가 죽는다. 인사이트, 말부터가 어렵다. 사전을 뒤적거려 보니 '예리한 관찰력으로 사물을 꿰뚫어 봄'이라는 정의가 나온다. 예리해야 되고 그냥 잘 보는 것이 아닌 꿰뚫어봐야 한단다. 보이지 않는 것, 설명되거나, 말해지지 않는 것을 보라는 말인 듯하다.

많은 경우 소비자들이 말하는 것과 실제의 행동은 다르다. 사겠다는 구매 의향은 엉뚱하게 빗나가고, 호감을 보였던 주 타깃층이 실제 시장에서는 냉냉하게 돌아선다. 일부러 자신의 생각을 감추는 경우도 있지만, 더 많은 경우, 자신의 진짜 욕구를 표현하지 못한 경우다. 관심이 없어서일 수도 있고, 새로운 개념이나 제품 앞에 자신의 생각이 미처 정리되지 못해서일 수도 있다. 자신도 자신을 예측하기 어려워 본의 아닌 거짓말을 하게 될 수도 있다. 그러나 무의식의 흐름을 어떻게든 파악할 수 있어야 한다. 보여지고 제시되는 것만이 아닌 행간의 이유를 이해하고, 새롭고 놀라운 '아하'를 발견해야 한다. 통찰력을 바탕으로 미래는 예측된다. 변화는 감지되고 준비가 가능해진다.

who, what, how가 아닌 why를 캐물어라
"저희 제품은 30세에서 35세 사이의 싱글 미혼녀들이 친구 생일 선물로 주로 온라인 채널을 통해 구매합니다."

우리 제품이 어떻게 팔리고 있나라는 질문에 아주 명확한 답을 하고 있다. 사실을 잘 기술하였다. 구매자 연령별 분포도까지 보여준다면 이해도가 한층 더 높아질 것이다. 그러나 여기까지는 그냥 '서술'이다. 듣고 나면 궁금한 것이 더 많아진다. '왜? 어떤 면 때문에?' '어떤 것과 비교하면서? 그래서 비싸다고 느끼나?' '남자들은 왜 안 사지?' 궁금증은 끝이 없다.

"저희 제품은 30대 초반 미혼녀들이 친구 생일과 같은 특별한 경우에 자신의 취향을 보이기 위해 주로 구매하고 있습니다. 제품을 사용하면서 느낄 수 있는 특별한 경험이 일상적 소비가 아닌 생일과 같은 특별한 경우의 소비를 정당화시키고, 경제적인 면에서의 부담이 크지 않다는 실용성이 젊은 여성들의 스마트 소비에 대한 욕구를 잘 공략하고 있는 것 같습니다."

Why를 이해하면서, 제품에 대한 다양한 생각들이 떠오르기 시작한다. 누가 어떻게 제품을 사는가에 대한 단순한 이해가 아닌, 어떤 욕망과 어떤 상황 속에 우리 제품을 포지셔닝시켜야 하는지, 어떻게 포지셔닝을 강화하고, 더 지배적으로 만들 수 있는지, Why를 이해함으로써 본격적인 제품 혁신에 대한 생각들이 떠오른다.

'생일? 그러면 우리 제품을 더 파티스럽게 만들어볼 수는 없나? 서프라이즈식의 딜리버리는 가능할까?' '여자친구 생일 선물을 고민하는 남자들에게도 스마트한 구매라는 메시지가 통하지 않을까?' 통찰력을 바탕으로 한 새로운 아이디어들이 쏟아지는 것이다.

인사이트는 누가, 무엇을, 어떻게가 아닌 '왜'라는 부분에서 분출된다. 그래서 계속 질문해야 한다. 발견된 현상을 놓고 왜 그럴까? 왜 그러면 안되는 걸까?를 꼬리에 꼬리를 물고 질문해봐야 한다. 그리고 그 답에 대해서도 다시 '왜'하고 질문해야 한다. 이것이 인사이트에 대한 첫 번째, 가장 쉽고도 명확한 접근 원칙이다.

맥락 안에서 해석하라

"러시아 고객들은 문화 관련 프로모션에 보다 적극적으로 반응하는 경향을 보입니다. 문화 행사가 활발하고, 어려서부터 다양한 문화 활동을 많이 접한 결과인 것 같습니다."

좋은 설명이다. 짧지만 명확한 이유도 설명되어 있다. 그러나 맥락적 이해를 하기는 부족하다. 러시아 고객들이 문화에 더 잘 반응하는 것을 이해하기 위해서는 그들의 역사, 전통에서 문화가 차지하는 역할을 이해할 필요가 있다.

한 때 더할 수 없이 찬란한 문화적 선진성으로 세상을 지배하던 나라에서, 경제적으로 서양에 밀리고 영토마저 쪼개져버린 현재의 러시아. 문화는 그들의 생명이며 찬란함에 대한 부활적 암시일 수도 있다. 문화를 활용한 마케팅 프로모션은 단순한 흥미를 넘어 그들이 갖는 자부심과 욕망을 담아낼 수 있다. 그럴 경우 기대 이상의 성공을 거둘 수 있다. 이러한 인사이트를 바탕으로 문화 행사 지원 내용을 손보고, 프로모션 초대장의 문구를 고치고, 행사 장소의 분위기를 변화시킬 수도 있다.

작은 디테일 속에 커다란 변화의 단서가 숨어있는 것이다. 전후 좌우 맥락을 이해하는 것은 인사이트 발굴에 큰 힘이 된다. 그 어떤 이유도 독립적으로 존재하지 않는다. 배경이 있고 뿌리 깊은 연혁이 있다. 알수록 힘이 된다. 설득력이 더해지고 판단의 확신이 생긴다. 많이 읽고 많이 부딪치고 귀 열고 눈 뜨고 다니면서 맥락을 찾아야 한다. 인사이트는 맥락 안에서 해석될 때 더 뚜렷해진다.

지독하게 관찰하라

나의 오래된 습관 중 하나는 모든 걸 아주 세밀히 오랜 시간에 걸쳐 마음을 쏟으며 관찰한다는 것이다. 상황이나 사물, 사람이나 거리의 풍경… 관찰하고 유추한다. 새로운 출장지에서 마주치는 사람들도 어떤 옷을 입고, 어떻게 걷는지, 아는 사람과 어떻게 인사 나누고 식당에서 어떤 이야기를 나누는지, 유심히 살피게 된다.

주위 사람들이 하는 행동을 보면서도 왜 저렇게 행동하는지, 어떤 두려움을 가지고 있는지 관찰하게 된다. 저 사람은 핸드폰을 구매할 때 어떤 점을 더 생각할까 유추해보고, 현재 가장 많이 생각하는 것이 무엇일까 상상해보기도 한다. 마켓 리서치 기법 중에서도 에스노그라피(ethnography)와 같은 관찰 기법, 고객의 눈동자의 움직임을 추적하여 행동을 예측하는 아이 트래킹(eye tracking), 뇌파를 측정하여 고객의 진짜 감정 변화를 읽고자 하는 EEG(eletroencephalogram) 등을 적극 활용한다. 정량보다는 정성적인 방법의 리서치를 선호하고 그 부분에 정성을 들이는 것도 같은 맥락이다.

관찰을 하게 되면 이해를 하게 된다. 간접적인 경험을 얻게 된다.

원인과 결과에 대한 많은 케이스를 갖게 된다. 인사이트를 얻을 수 있는 자료가 풍부해지는 것이다. 마케터로서 습관화할 필요가 있다. 잘 보고, 가설을 갖고 살펴보고, 면밀히 들여다보며 이해하려 할 때, 나만의 각이 생긴다. 맞던 틀리던, 허접하던 완벽하던, 나의 인사이트 발굴 능력이 길러진다.

다른 영역과 충돌시켜 생각하라

인사이트는 서로 다른 생각의 충돌을 통해서만 나올 수 있다고 한다. 정말 맞는 말이다. 이질적인 생각, 아주 다른 산업군, 전혀 다른 관심사항, 이러한 생각들이 서로 충돌할 때 보이지 않던 관점이 보이고 생각의 지평이 넓어진다. 항상 비슷하게 포개져 접혀있는 생각들 속에서는 부패가 일어날지도 모른다.

식품회사에 근무하는 사람이 있다. 새로운 감자칩에 대한 아이디어를 얻고자 매일매일 같은 고민을 하는 사람들과만 이야기를 나눈다면 해결책의 선택들은 늘 그 자리를 맴돌게 된다. 새로운 감자칩에 대한 생각을 게임회사 비지니스에서 찾아봐야 한다. '감자칩 경쟁 제품은 감자칩이 아니라 그 시간을 더 재미있게 보낼 수 있게 해주는 게임이 아닐까?' '게임회사는 이 타깃에 어떻게 접근하고 있는 걸까?' 어차피 휴식해야 하는 시간이라면 그 시간을 어떻게 보내라고 제안하면 감자칩이 떠오르는 거지?' 게임회사 다니는 사람들과 이야기해보고 싶어야 한다.

그들이 '무료함'이라는 주제를 어떻게 생각하고 있는지, 어떻게 응대하고 뭐라고 커뮤니케이션하고 있는지 살펴보아야 한다.

우리는 어제 만난 사람과 할 이야기가 가장 많다고 한다. 익숙한 것이 편하다는 뜻이다. 달리 설명을 덧붙일 필요도 없고 낯선 생각에 머리를 빨리 회전할 필요도 없기 때문이다. 그러나 어제 만나 비슷한 이야기를 하는 사람과의 대화는 나의 지적 경계선을 더욱 공고히 할 뿐이다. 그리고 그것의 반복은 하나의 습관으로 나에게 체화되면서 새로움에 대한 거부감을 더욱더 강하게 만들 것이다. 새로움은 누구에게나 귀찮은 일. 익숙하게 흘러가는 것이 늘 편하고 쉬운 일이다. 그러나 인사이트를 갖는다는 것은 그러한 익숙함을 의식적으로 멀리 하는 일이다. 낯설고 귀찮고 머리 아픈 생각에 스스로를 노출시키는 것에서 출발한다.

아주 다른 분야, 엉뚱한 산업군, 다른 장소와 현상들. 그 속에서는 어떤 일이 어떻게 벌어지는지, 어떻게 그 문제들을 해결하는지, 그 부분을 면밀히 살펴볼 때, 새로운 생각의 단상들은 터져나올 것이다.

익숙한 것에 새로운 각을 얹어라

하늘 아래 새로운 것은 없다. 슬프지만 사실이다. 완전 새로운 무엇인가를 찾기에는 인류는 참으로 오랫동안 지적 활동을 해온 것이다. 누군가는 이미 한번 히트시켰던 생각이거나 시도했던 행동들이다. 유사한 경험과 감동에 고객들은 이미 많이 찌들어져 있다. 진짜 새롭다고 생각되는 아이디어는 너무 비싸거나, 실행의 어려움이 있거나 우리회사 이미지와 동떨어져 있는 경우가 많다. 안타깝지만 현실이다.

인사이트를 갖는다는 것은 완전 새로움을 추구하는 것이라기보다, 이미 익숙한 것에 새로운 각을 얹는 작업이라는 생각을 많이 한다. 100% 과일 주스라는 가치 제언은 너무 오래 들어서 식상하지만, 물이 한 방울도 안 들어갔으므로 과일 칸에 진열해놓겠다고 시도한 풀무원의 접근은 인사이트풀하다.

눈에 번쩍 띄어 세상을 뒤집어놓는 생각만이 인사이트가 아니다. 그런 생각은 없다. 앞으로 점점 더 없어질지도 모른다. 인사이트, 특히 마케터들의 인사이트는 점진적으로 추구될 수 있다. 작지만 강하게, 이리저리 생각의 각을 변화시켜 안타를 노리며 추구될 수 있다. 어느 날 세상의 생각을 단절시켜 놓을 수 있는 홈런이 내 손 안에 잡히기를 희망하면서, 계속, 각을 바꾸어가며 연습하는 것이다.

Leave
work
on time

3장

유연한
접근
Flexibility

내가 무엇을 모르는지
나는 알지 못한다.

시간차가 있다
동시 진행시켜라
Multi-tasking

신 과장은 일 처리가 꼼꼼하다. 비교적 차근차근 일을 잘 처리하는 스타일이다. 그래서 항상 믿음이 가고 신 과장이 맡은 일은 실수 없이 진행된다는 신뢰가 있다. 그러나 어딘가 모르게 답답하다. 팀장의 입장에서는 2%가 부족하다는 생각을 지울 수가 없다.

일을 처리하면서 한 꼭지가 마무리 되었을 때 다음 단계에 대한 준비가 미리 되어 있지 않아서 한참을 그 준비를 하느라 프로젝트가 개점 휴업된다. 차근차근하고 꼼꼼한 부분에서는 신뢰를 줄 수 있지만 전체적으로 프로젝트를 밀고 나가는 힘이나 타임라인에 맞춰서 결론을 도출하는 힘이 약하다는 생각이 든다.

곧 프로젝트 리더로 성장시켜야 하는데, 팀을 이끄는 리더 역할을 할 수 있을지 걱정이 된다.

일을 잘한다는 평가를 받기 위한 또 하나의 중요한 능력이 멀티태스킹(multi-tasking)이다. 2차 자료 분석을 하면서도, 한편으로는 향후 진행될 전문가 인터뷰를 준비해놓아야 한다. 인터뷰에 적합한 대상자를 찾는 일은 시간이 걸린다. 전문가를 찾고, 요청하고 승낙을 기다려야 한다. 자료수집이 끝날 때까지 기다려서는 안되며, 지금 시작해야 한다.

여러 프로젝트를 동시 관리해야 하는 팀장의 경우, 멀티태스킹 능력은 더욱 중요해진다. 성격이 다른 여러 프로젝트 중에는 시간 대비 결과가 비례적으로 나오는 프로젝트가 있는 반면, 일정 시간의 잠수를 허용해야만 소기의 결과를 보여주는 프로젝트들도 있다. 시간은 제한적이고, 팀 내 인력은 항상 부족하다. 여러 성격의 프로젝트를 흐름에 따라, 속도에 따라 교대 진행시켜야 한다. 효율성을 위한 멀티태스킹이다.

주니어 시절, 멀티태스킹 능력을 기르기 위해 나 스스로 실천했던 몇 가지 연습이 있다. 첫 번째, 한 번에 완벽해야 한다는 강박을 버리고 재검토하면서 완성도를 높여나갔다. 어떠한 제안도 단박에 완벽하기는 힘들다. 100이라는 시간이 있을 때 그 모든 시간을 다 써서 완벽한 결론을 내기보다는 일단 60 정도의 시간을 써서 중간적인 결론을 내놓고, 다음 기회에 30, 그 다음 기회에 10을 보충해 최종 완성하였다.

시간차를 두고 다시 고민하는 것이 한 호흡에 결론까지 도달하는 것보다 훨씬 더 단단한 결론을 도출해주었다. 새로운 생각의 각이 생기고 몰랐던 사실이 발견되기도 한다. 동시에 다른 프로젝트 진행도 가능했다. 그래서 지루하지도 않다. 총 10시간씩 3번 일할 수 있는 시간이 있다면 A, B, C 프로젝트 각각에 60:30:10, 30:50:20, 10:20:70, 이렇게 시간을 배분시켰다.

한 번에 완벽할 수는 없다 재방문하라

고등학교 시절, 여러 과목의 책을 동시에 올려놓고 공부했다. 수학 문제를 풀다가 국어 지문을 읽고, 틈틈이 조선시대 주요 사화를 암기하는 식이었다. 과목별 시험 준비도 나누어서 했다. 먼저 시험 범위를 대략적으로 훑어 어떤 내용인지 감을 잡고, 몇 시간 후 다시 처음부터 공부하며 문제를 풀고, 몇 시간 후 최종적으로 다시 보면서 시험에 나올 문제를 예측해보곤 했다. 사이사이 다른 과목을 공부했다. 아무리 좋아하는 과목이라도 한 번에 다 공부하지는 않았다. 일부러 다음 기회를 위해 남겨두었다. 다음 번에 볼때 지금보다 더 잘 이해되고 더 잘 암기될 거라 기대하면서 남겨두었다. 그때 배웠다. 여러 번 나누어 공부하고, 여러 과목을 동시에 공부하는 것이 나에게 훨씬 더 좋은 결과를 가져다준다는 것을.

두 번째 팁은 의도적으로 시간을 배분하는 연습이다. 나는 이 프로젝트에 앞으로 3시간만 쓸 것이며, 그 다음에는 반드시 B 프로젝트를 진행할 것이다라고 내 나름대로의 타임라인을 정해놓는 것이다. 회의 시간을 여기에 맞추어 미리 정해놓았고 강제적으로 내가 자리를 떠야만 될 상황을 만들어놓기도 했다. 시간이 한정되어 있다고 생각하면 내가 발휘하고자 하는 능력은 보다 높은 강도의 몰입도를 보이고 그 결과물은 내가 예상했던 것보다 훨씬 좋아질 수 있다. 내가 정해놓은 시간이 되면 그것을 의도적으로 칼처럼 중단하고 다른 업무로 생각을 회전시키는 것이 필요하다. 마무리하지 못한 다른 일에 미련이 남겠지만 잠깐 기다리라고 스스로에게 말하고 다른 프로젝트로 머리를 돌려야 한다.

멀티태스킹이 어렵다고 느껴지는 경우에 이러한 강제적인 시간 배분은 초기 습관을 잡는 데 유용할 수 있다.

세 번째 팁은 워크 플랜(work plan)을 시간 단위로 쪼개서 관리하는 것이다. 시간을 배정하고 각 시간대별 할 일까지 규정해놓고 거기에 맞추어 모든 프로젝트를 진행하는 것이다. 자료 수집 단계에서도 인터뷰는 몇 시간, 2차 자료 수집은 몇 시간, 그 전 프로젝트에 대한 사내 선배와의 미팅은 몇 시간.

이런 식으로 워크 플랜(work plan)을 상세히 짜고 그대로 따라 하는 것을 강제화해보는 것이다. 한 가지 일이 완성되면 지우고 다른 일로 옮겨 가고 어느 부분에서 또는 어떤 업무가 예상 시간을 지키지 못하는지 살펴서 해결 방안을 찾아야 한다. 처음에는 굉장히 불편하게 느껴질 수 있다. 그러나 강제적으로 일하면서 나의 강·약점을 파악할 수 있게 된다.

업무별로 예상 시간을 초과하는 경우와 시간이 남는 경우를 비교 분석하게 되면서 나의 일하는 스타일을 이해하게 된다. 시간이 지나면서 나만의 맞춤화된 워크 플랜 작성이 가능해지는 것이다.

조직에서는 굉장히 다양한 프로젝트를 맡아야 하고 다양한 상황에서 자신의 능력을 발휘해야 한다. 멀티태스킹이 꼭 필요한 시점이 생길 수 있다. 불편하더라도 연습해야 할 기술이다. 직급이 올라갈수록 요구되는 능력이다.

제발 바다를
끓이고 있지는 마라
Don't boil the ocean

"인도 시장 내 신규 채널 개척을 기획해야 하는데…. 일단 관련 자료부터 찾아보자고. 3주 후에 자료들 보면서 얘기해보도록 하자고." 흔하게 시작되는 팀장들의 가이드이다.

관련 자료는 막연하고 어마어마하다. 세상 모든 자료가 다 관련될 수 있다. 인도 사람들의 문화, 역사, 정치에서부터 그들의 소비 행동과 새로이 떠오르는 신흥 부유층들의 라이프스타일, 도시화와 중소 지역의 채널 붕괴 현상, 디지털 기반의 온라인 소비 트렌드와 한류. 독과점 방지 정책에서부터 최근 도산한 인도 유통회사의 부채 관련 자료까지.

관련 자료를 찾아보는 중책을 맡은 김 대리의 발길은 우주를 향하게 된다. 시간은 허비되고 수집하는 자료는 그 질이 높지 않다. 3주 후 더 많은 자료가 필요하다는 이야기가 나오고 팀의 생각은 더 복잡해진다. 전형적인 바다를 끓이고 있는 모습이다.

우리에게 무한한 시간과 예산이 허락되어 있다면 업무 중에서 풀어야 할 모든 문제의 어려움은 반의 반이 될 것이다. 충분하게 고민할 수 있고 충분하게 헤맬 수 있다. 하지만 현실의 업무 환경은 전혀 그렇지 못하다. 모든 프로젝트들은 시간에 쫓기게 되며 실행을 해야 할 데드라인은 정해져 있기 마련이다. 이 일이 끝나면 처리해야 할 다음 프로젝트가 기다리고 있다. 자원이 부족한 중소기업, 신생 사업의 경우는 이러한 제약이 훨씬 더 심하다.

거창하고 완벽하고 흥미진진하게 프로젝트를 진행하고 싶지만 현실은 효율적이고 집중적이며 현명한 일처리를 기대하고 있다.

'한 줌 소금을 위해 온 바다를 끓이지 말라(Don't boil the ocean),' 라는 제언이다. 회사 일을 효율적이면서도 효과적으로 완수하는 데에 있어 매우 유용한 하나의 규칙이다. 어떤 경우에 우리는 바다를 끓이고 있을까?

문제를 정확히 정의하라

첫 번째, 문제를 너무 크게 정의하는 경우다. 마치 우리 팀이 이번 과제 해결 이후 문을 닫을 것 같은 태도로 한 번에 모든 숙원 문제를 해결하겠다고 덤비는 경우가 여기에 해당된다. 너무 광범위하게 정의된 문제는 갈피를 잡지 못하고 시간 대비 유용한 결론을 도출해주지 않는다. 사내 소통 활성화를 위한 캠페인 기획 과제가 주어졌는데, 이번 기회에 회사 내 쌓여있는 모든 폐습들을 정리할 듯이 접근한다. 야근 문화, 실적 평가 문제, 승진 제도, 보고 문화, 급기야는 연공서열과 직장 권력 편파성에 대한 근본적 이슈까지 등장한다. 물론 다 연관성이 있는 이슈일 것이다. 근본적인 문제일 수 있고 선결되지 않는다면 어떤 캠페인도 무의미해질 수 있을 것이다.

그러나 장황한 출발 때문에 3개월 내내 문제 진단만 하다 끝난다면 조직의 문제는 소통이 아닌 무능의 문제로 탈바꿈 된다. 근본적인 문제는 또 다른 기회와 방법으로 해결될 수 있도록 제안하고, 지금은 소통 활성화를 효과적인 시도를 구상해야 한다. 그것이 적정한 범위이고 출발이다.

비즈니스적으로 판단하라

두 번째 경우는 너무나 세밀한 문제의 답을 찾는 경우다. 바다를 끓이는 정도가 아니라 바다 속에 있는 모든 플랭크톤까지도 잡겠다는 자세다. 당연히 잡히지도 않고 이 부분이 전체 프로젝트에 미치는 영향은 미미하다.

동남아 시장에 공장을 하나 더 세우느냐 마느냐 하는 문제는 우주의 행성이 지구와 충돌할 확률을 계산하는 것과는 다른 문제다. 흥미로운 분석에 매달려 지속적으로 숫자 게임을 하면서 자신의 지적 능력을 과시하고 싶은 유혹이 들 수도 있다. 그러나 비지니스라는 것은 물리나 수학처럼 절대적 무결점의 분석을 필요로 하는 것이 아니며 최종 의사 결정이 이러한 분석만으로 이루어지는 것도 아니다. 정보의 홍수에 파묻혀 아주 세밀한 부분의 정밀도까지 맞추어보려는 태도, 그리하여 어느 순간 자신이 해결하려 했던 문제의 성격마저 잃어버린 채 더 많은 자료, 더 많은 정보를 요구하고 있을 때, 그는 바다를 끓이고 있는 것이다.

자원의 한계를 파악하라

세 번째 바다를 끓이는 전형적인 예시는 해결하는 데 너무 큰 자원이 소요되는 해결책을 증명해 보려 끌어안고 있는 경우다. 우리 회사로서는 감당하기 힘든 실행 안이나 불가능한 자원이 예상되는 이슈, 초기에 우선 순위화에서 제외되는 것이 좋은 문제를 끝까지 붙잡고 있으면서 프로젝트의 방향성을 어지럽히는 것이다.

브랜드 활성화를 위한 방안을 강구해보겠다면서 다른 브랜드를 사는 방법에서부터 디지털 플랫폼 회사를 직접 설립하는 일까지다 고려한다. 그러나 추가 브랜드를 육성하는 것은 회사의 장기 전략과 맞지 않고 디지털 플랫폼을 살만한 재정적 여력도 마땅치 않다. 환경적 제약은 뒤로 한 채, 흥미로울 수 있는 분석은 다 해보겠다는 진행이다. 효율적이지 않다. 그 과정에서 어떤 새로운 인사이트가 있다 하더라도 조직에 유용하지 않은 자기 위안일 뿐이다.

모든 업무를 진행할 때 지금 바다를 끓이고 있는 것은 아닌지 스스로에게 자문해보는 것이 필요하다. 팀원이 바다를 끓이려고 한다면 보다 효율적인 방법으로 생각의 기어를 바꾸라고 조언해야 한다. 몇 가지 방법을 통해 함정에 빠지는 오류를 막을 수 있다.

가능한 것을 적극 활용하라

첫 번째는 있는 것을 활용한다는 원칙이다. 문제 해결을 위해 새로운 자료나 리서치가 필요한 경우도 있지만, 그 전에 일단 나에게 가용한 자료를 최대한 활용하는 자세가 필요하다. 동료들의 머리 속에 이미 들어가있을 수 있는 아이디어들, 전임자가 이루어놓았던 생각의 진행들, 사내 어딘가에 있는 가용한 자료들처럼 내가 현재 가지고 있는 것을 최대한 활용하려는 태도가 중요하다. 빠르다. 그리고 얻기 손쉽다. 그 자료들이 가설을 생성해주고 가설이 지도가 되어 나를 바다에 빠지지 않게 이끌어줄 것이다. 구하기 어려운 자료를 찾으려 헤매 다니지 말고 일단 가능한 자료를 가지고 시작해보자.

쉬운 실천을 미루지 마라

두 번째 방법은 쉽게 실현할 수 있는 일(low-hanging fruit)을 먼저 하는 것이다. 거창하고 화려한 결론, 들도 보도 못한 신기한 실행 안을 내놓고 싶지만 시간이 너무 걸리고 자원 소모가 많은 경우가 많다. 당장 눈에 보이고 즉각적으로 실천할 수 있는 아이디어들이 있다. 기대되는 효과는 작을 수 있지만 실행이 용이하고 비교적 위험도가 낮은 것이 큰 매력이다.

프로젝트를 진행하다 보면 이러한 기회들이 발견되곤 한다. 그 때마다 놓치지 말고 실행에 옮겨야 한다. 큰 임팩트 있는 결과를 기다리며 이러한 기회들을 간과한다면 그 커다란 홈런은 결코 내 눈 앞에 나타나지 않을 수도 있다. 홈런을 기다릴 것이 아니라 보일 때마다 안타를 치고 나가라는 제안이다. 안타를 자꾸 쳐주면 득점이 될 수 있다. 보다 중요하게는 내가 지금 하고 있는 프로젝트 중간중간 소기의 성과를 보이게 됨으로써 상사로부터 프로젝트를 제대로 진행시키고 있다는 신뢰를 받을 수 있다. 실현이 쉬운 일(low-hanging fruit)을 항상 주의 깊게 살피고 즉각적으로 실행하는 것이 필요하다.

엉터리라도 재정적 효과를 측정하라

세 번째, 'Back of the envelop analysis'를 통해 할 수 있는 분석을 가름하라. 봉투 뒤에 급하게 해보는 분석이라는 뜻으로 정확하지 않지만 몇 가지 가정을 정해서 가늠해보는 계산들을 상징하는 말이다.

신제품에 대한 초기 아이디어를 도출되었다. 지속적으로 파이프라인에 남겨두는 것이 필요한지 아닌지를 판단하는 결정이 필요하다. 이 아이디어가 10억짜리인지 100억짜리인지 정도만 파악하면 된다. 이런 경우 대단하고 정교한 엑셀 분석을 돌려보려고 한주를 소비할 필요는 없다. 몇 개의 전제 조건을 가정하고 팀이 알고 있는 범위에서 추정하여 즉각적으로 답을 얻어보아야 한다. 50억 원 정도의 가치가 추정되는데 이것이 65억 원이면 어떡하냐고 걱정하지 않아도 된다. 현재 상태에서 판단에 충분한 답을 얻었으면 그것으로 족한 것이다.

그리고 수치를 전혀 예측하지 않은 것보다는 물론 나은 결과다. 정확도가 떨어진다고 망설일 필요 없다. 수시로 'back of the envelop 분석'을 활용해 판단을 내리고 일을 진행시키자.

파일럿을 통해 확신하라

마지막으로 가장 중요한 것은 모든 것이 완벽하게 된 다음에 실행해야겠다는 생각을 버리고 중간 정도의 형태에서 파일럿 해보는 실험 정신이다. 파일럿은 마케팅의 핵심적인 정신이다. 끊임없이 창조하고 지속적으로 테스트해보고 다시 수정하고 또 테스트해보는 실행이다. 90%의 완결성을 기대하지 말고 60~70%일 때 일단 실행을 해보아라. 시장이나 타깃을 대상으로 하는 직접적인 실행이 아니라도, 우리 팀원들을 대상으로 하거나 아니면 팀원들의 지인을 모아놓고 하는 소규모의 마켓 테스트일 수도 있다.

디지털 플랫폼이 활성화되어 있으니 실 시장에 나가기 전에 디지털 공간에서 다양한 방법으로 고객의 반응을 파일럿해볼 수도 있다. 이러한 파일럿을 통해서 얻을 수 있는 배움은 놀라울 정도로 무궁무진하다. 그리고 그러한 배움은 내가 책상에 앉아서 가졌던 많은 가설들에 비해서 훨씬 더 실증적이고 놀랍도록 정확하다.

CMO(최고 마케팅 임원)가 되고자 하는 사람들을 위해 보다 차별적이고 실용적인 배움의 장을 마련하고자 'CMO캠퍼스'라는 마케터들의 교육 프로그램을 생각하게 되었다. 뜻 맞는 몇몇 후배들과 함께 프로그램을 논의하면서 우리가 가장 먼저 내렸던 결론은 프로그램의 완벽함이나 시장 내 다른 프로그램들과의 차별성을 완결하기보다 일단 무조건 문을 열어보고 실행을 해보자라는 것이었다.

60~70%의 확신밖에 없었지만 우리는 아이디어가 나온 지 두

달 만에 파일럿 테스트를 해보게 된다. 과정을 오픈하고 수강생을 모집했다. 그리고 6주간의 수업을 진행하였다. 이 과정을 통해서 우리가 생각했던 것과는 다른 시장 반응을 확인할 수 있었다.

우리가 꼭 필요하다고 생각했던 과정이 외면되고 적은 시간을 배정했던 주제가 열광적 반응을 얻었다. 운영 부분에 있어서도 철저하게 준비했다고 하지만 작은 부분들을 놓치고 있었고 그 사소한 부분이 고객들의 인식에 큰 영향을 주고 있기도 했다. 뚜렷한 교훈들이 여과없이 습득되었다. 정식 프로그램 런칭에 대한 자신감이 생겼다. 파일럿 결과가 좋아서가 아니라, 파일럿 결과 얻은 교훈들이 많아서였다.

모든 파일럿은 유용하다. 그러므로 시기를 놓치지 말고 파일럿 해보는 실험정신이 필요하다. 모든 개인이 미디어가 되어 있는 현대 시대에서는 파일럿 테스트를 통해 시장과 함께 대화하고 고쳐나가고 같이 성장 하는 브랜드가 강한 브랜드이다. 완벽한 기획 안을 꿈꾸며 책상 위에 앉아 바다를 끓이는 수고는 사라져야 한다.

결론은
움직이는 거다
Day 1 conclusion vs Day 30 conclusion

"우리 팀장님은 저번 회의 때와는 다른 엉뚱한 말씀을 하셔. 저번에는 분명히 이렇게 하라고 해놓고 오늘은 그게 아니라 완전 반대 방향이 맞다고 지시하시니 정말 이랬다 저랬다 하는 통에 혼란해 죽겠어. 정말 아무것도 모르는 것이 분명해."

회의가 끝나고 나오면서 우리끼리 쑥덕거리게 되는 흔한 대화다.

부하직원들의 피드백을 받을 때가 있다. 공식적으로 1년에 한 번, HR부서에서 무기명으로 수집한 피드백을 받아보게 된다. 360도 피드백이므로 상사의 피드백도 있고 아랫사람들의 피드백도 있다. 기억에 나는 피드백 중 하나가 '판단을 자주 바꾸신다.'라는 것이었다. 같은 사안에 대해서도 시기에 따라 지시가 다르고 바뀐 배경에 대해 세세히 설명해주지도 않는다는 지적이었다. 같이 일하는 사람들에게는 어려움이 가중되는 대목이었다. 귀한 피드백이라 생각하면서 곰곰히 생각해보았다. 판단을 바꾸는 것은 잘못된 것인가? 나의 판단은 항상 일관적이어야 할까?

생각은 살아있는 유기체다. 프로젝트가 진행되는 초기의 생각이 변하지 않고 끝까지 간다면, 오히려 조직적으로는 더 위험하고 큰 문제일 수밖에 없다. 처음에 가졌던 생각이 바뀌지 않는다는 것은 편협성을 보이는 부분일 수도 있으며 그것이 아무리 독창적인 생각이라 할지라도 초기 아이디어에 너무 귀착되는 의도성을 다분히 내포하고 있다.

결론은 바뀐다 원칙은 불변한다

생각은 바뀌어야 한다. 그리고 그 부분에 대해서 명확하게 원칙으로 천명되는 것이 필요하다. "오늘의 내 생각은 이러하다. 하지만 새로운 사실이 발견될 경우 이러한 생각은 바뀌어야 하고 또한 바뀔 것이다. 이것은 우리 팀 모두에게 해당되는 원칙이다. 첫 날 가졌던 생각이 30일 후에도 똑같다고 하면 그것은 우리가 사실 수집에 게을렀는지를 보여주는 반증이라고 생각하자."

결론이 무조건 왔다 갔다 한다면 조직의 불안은 가중될 수 있다. 여기서의 핵심은 결론은 새로운 사실에 의해서 변하지만 결론 도출 방법은 일관성 있게 유지되어야 한다는 점이다.

다시 말해서 결론이 계속해서 바뀌더라도 결론을 도출하는 흐름은 매우 체계적이고 예측 가능해야 한다. 그리고 그 원칙이 모든 사람에게 공유되고 이해되는 것이 필요하다. 달라지는 결론 그러나 일관성 있는 결론 도출 원칙을 위해서 지켜야 할 세 가지가 있다.

첫 번째, 늘 새로운 팩트 중심으로 결론을 유출한다는 기준이다. 팩트가 아니면 판단을 바꾸지 못한다. 그러나 새로운 사실 앞에서는 언제든 기존의 기득권이나 소모된 자원에 얽매이지 않고 결정을 바꾸어야 한다.

두 번째, 새로운 팩트들이 머릿속에만 들어있거나 구두로만 전달되는 것을 피하기 위해 반드시 차트나 이메일 등을 통해서 기록으로 남겨놓아야 한다. 프로젝트에 관여하는 모든 사람들이 같은 생각 그리고 같은 진도를 가지고 갈 수 있어야 한다. 그래야 수정된 판단이 나쁜 서프라이즈가 되지 않는다.

마지막으로, 첫 날에 가졌던 생각과 변화된 생각을 주기적으로 비교하면서, 어떻게 변화해왔는지를 팀 단위에서 추적해야 한다. 이렇게 함으로써 우리는 생각이 변해온 과정을 되짚어보는 동시에 여전히 풀어내야 할 이슈에 집중하고 있다는 것에 대해서 확신하게 된다. 판단이 변하더라도 여전히 문제를 풀고 있음을 확인해야 하는 것이다.

첫 날 가졌던 생각은 다음 날 가졌던 생각과 다를 수 있다. 아니 달라야 한다. 그리고 그것이야말로 가장 좋은 결론을 유출해낼 수 있는 유일한 방법임을 용기 있게 인정하고 철저하게 실행하여야 한다. 부하직원들의 피드백에 대한 나의 답도 분명해졌다. 나의 판단은 여전히 바뀔 것이다. 그러나 판단 과정 원칙을 공유하고, 그 과정에 대한 동의를 구하고 그 필요성과 효과에 대해 사전에 적극적으로 커뮤니케이션 함으로써 팀원들의 혼란을 방지할 것이다.

내가 무엇을 모르는지
나는 알지 못한다
We don't know what we don't know

우리는 우리가 무엇을 모르는지 알지 못한다. 아무리 영리한 사람이라도 모르는 것은 모른다. 모르는 것이 있는 건 문제가 되지 않지만 모르는 것이 있다는 것을 모르는 것은 문제가 된다. 그것은 지식의 문제가 아닌 태도의 문제가 되기 때문이다.

효율적으로 일하고 매끄럽게 일하는 사람들의 공통점은 주변의 리소스를 잘 활용한다는 점이다. 자기 혼자의 완결성에는 한계가 있다. 나를 도와주고 나에게 조언을 줄 수 있는 사람들이 얼마나 주변에 많은가 하는 점이 그 사람의 능력이 된다. 리소스를 충분히 확보하기 위해서 가장 중요한 자세가 내가 무엇을 모르는지 모른다를 인정하는 태도라고 생각한다. 이 진리를 진심으로 이해할 때, 나는 나의 알량한 능력과 지식의 한계를 겸허하게 깨닫게 되고 주변의 지식과 경험 앞에 경외심을 갖게 되면서, 사람들을 더 많이 모을 수 있다. 이러한 개방성은 남들 앞에서 "모르겠습니다."라고 말하는 것에만 한정되는 것이 아니다. 내가 경험하고 알고 있는 것에 대한 한계를 분명히 인정하고 눈을 뜨고 귀를 열어 배우고 익히려 하는 것이다. 타인이 아닌 나 자신을 위한 것이다.

우리 모두는 새로움, 내가 알지 못하는 것에 대한 근본적인 저항감이 있다. 골치 아픈 것은 피하고 싶고 어제 만난 사람을 오늘 만나서 이야기할 때 가장 할 말이 많고 편하다. 낯설고 새로운 것은 늘 불편하다. 아는 사람 하나 없이 진행되는 스탠딩 파티는 생각만 해도 고역이다. 이 자리에서 오고 가는 내가 모르는 새로운 이야기들, 누구에게 다가가 어떤 말을 걸어야 할지 난감함, 우리의 숨통이 조여온다.

낯선 것은 누구에게나 불편하다

낯설음을 거부하는 것은 나이가 들어갈수록, 직급이 올라갈수록 더 심해지는 것 같다. 나의 기존 사고와 맞지 않는 불편함은 눈 감고 모르고 안 들리는 척 외면하며, 아집만 세지는 것 같다. 명함 뒤에 숨고 직급으로 무장한다. 그러나 그럴수록 더 외로워질 것이다. 나의 대화 소재는 더욱 줄어들고, 관심사도 제한되면서, 같이 이야기 나눌 사람은 점점 더 없어질 것이다.

조직생활에서도 이러한 배타적 고집은 당신이 유능한 직원이라는 평가를 받는 것에 방해가 된다. 판단에 필요한 인사이트가 낯선 생각들 간의 충돌에서 도출되는 것이라는 것을 상기해본다면, 이러한 환경 자체를 봉인해버리는 당신의 보수성을 주변이 높게 살 리 없다. 게다가 항상 새로운 과제를 새로운 사람들과 도모하고 추진해야 하는 조직의 생리상, 새로운 것과 쉽게 협업하는 개방성은 당연히 선호된다.

녹슬지 않는 사람

CMO캠퍼스에서 가끔 특강을 진행한다. 귀한 분을 모시고 이야기를 듣는다. 코웨이 이해선 대표님이 함께 자리를 해 주셨다. 미래 CMO후보자들이 함께 공부하고 훈련하는 공간이라는 소개에 한걸음에 달려와주셨다. 마케팅의 살아있는 전설이시다. 설화수, 이니스프리 등의 장수 브랜드를 탄생시키고 CJ O쇼핑을 리브랜딩하셨다. 지금은 코웨이 대표로 환경가전 비지니스를 이끌고 계신다. 그 분의 업무적 업적보다 나를 매료시키는 것은 그 분의 끝없이 배우는 노력과 능력이었다. 강의 말미, 늘 가슴에 품고 계시는 한 마디가 무엇인지를 질문하였다.

'녹슬지 않는 사람: 사비나이시또.' 항상 배우고 감탄한다는 것이었다.

새롭고 흥미로운 기사를 찾아 스크랩하는 일로 새벽을 열고, 퇴근길에는 몇 개의 경제지를 집으로 챙겨감을 잊지 않으신다. 새롭게 출시된 제품은 1등으로 구매해 체험해본다. 전동 보드를 타고 다니시면서 조금 높은 곳에서 바라보는 세상을 즐기신다. 독서량이 대단했으며, 자신만의 레퍼런스가 무궁무진하다. 새로운 사람들을 만나 모르는 이야기 나누는 것을 무엇보다 재미있어하신다. 모든 것이 궁금하고 알게 될수록 더 궁금해하신다. 새로움을 찾게 되고 그 통찰력으로 새로운 영역을 지속적으로 도전한다. 그렇게 녹슬지 않는 사람이 되신 것이다.

진심으로 호기심을 갖고 계속 질문하라. 새로운 업무, 새로운 분야, 새로운 기술, 새로운 생각에 대해 항상 깨어있고 받아들이려 하는 자세를 훈련하라. 회식자리에서 누군가 스마트 공장에 대해 이야기한다면 알지 못하니 말을 더 하진 못하더라도 진심으로 궁금해하며 경청하고 질문해보라. 호기심도 훈련이다. 훈련하지 않으면 자꾸 도태되는 습관과도 같다. 알수록 사랑스러워진다 한다. 억지로라도 자꾸 묻고 알다 보면 자연히 사랑하게도 될 수 있다. 귀찮더라도 나는 내가 무얼 모르는지 모르기 때문에 알고 싶다는 생각을 애써 해보자.

과거 성공에 넘어지지 마라

나의 과거 경험, 특히 작은 성공 경험들의 경험을 빨리 잊어야 한다. 어정쩡한 성공이 발목을 잡을 수 있다. 그때의 체험으로 인해 새로운 방법과 지식에 대해 배타적일 수 있다. 실패는 곱씹어 배우고 성공은 기분 좋게 잊으면 되는 것 같다. 그래야 다시 새로움을 맞이 한다. 손 한가득 이미 쥐고 있는 것이 있으면 어떻게 새로운 것을 향해 손을 펼칠 수 있겠는가? 일단 비우자. 과거의 경험과 성공 체험을 잊어버리자.

새롭게 만나고 새로운 이야기를 하자. 낯선 점심을 즐기자. 월요일 출근길에는 기발한 인사말을 건네자. "주말 잘지내셨어요?"라는 인사에는 "잘 지냈어요." 라는 답밖에 돌아오지 않는다. 100퍼센트 예측 가능한 답을 들으려 같은 질문을 무던히도 반복한다.

'주말에 깜짝 놀랄 만한 일이 없으셨나요? 나이스 서프라이즈가 있으셨나요?' 이렇게 질문해볼 수 있다. 돌 지난 아기가 첫 발자국을 띄었다는 말을 들을 수도 있고, 동네 산책길에 새로 생긴 골목 모퉁이 카페를 발견했다는 말을 들을 수도 있다. 그 카페가 어떤 분위기 인지, 어떤 음료를 팔고 어떤 음악을 트는지 질문해볼 수 있다. 그렇게 또 하나, 모르는 것이 알아가고 그 과정을 즐기게 된다.

새로운 것을 대했을 때에는 놀랍다는 감탄사를 연발하자. 그리고 그것을 알게 해줘서 고맙다는 인사를 잊지 말자. 당신은 당신이 무엇을 알고 있느냐와 상관없이 스마트하고 열려 있는, 열정적인 사람이라는 평가를 받게 될 것이다. 직장에서 함께 일하고 싶은 사람에 더 가까이 다가간다.

숫자에 눈멀지 마라
우리는 비지니스맨이다
Read behind numbers

1980년대 인도의 마하라스트라(Maharashtra). 이 지역의 여자들은 마을에서부터 아주 먼 개울가까지 양동이를 머리에 이고 물을 길러나갔다. 10리도 넘는 길을 매일매일 왔다 갔다. 여자들의 노고는 이만저만이 아니었다. 날씨가 춥거나 궂을 때에는 그 어려움이 더했다. 세상 힘들어 보이는 그녀들의 어려움을 알게 된 후 한 구호 단체가 마을에 우물을 설치해주었다. 마을 한가운데 깨끗하고 편리한 공동 우물과 함께 세탁장이 생긴 것이다. 평소 개울가까지 나가는 것이 너무나 힘들었던 마하라스트라 며느리들에게는 더 없이 반가운 소식이 아닐 수 없다.

하지만 어찌된 영문이었는지 이 마을의 며느리들은 이런저런 핑계를 대면서 우물을 외면하였다. 분명 먼 길을 오가는 것이 고달프다고 한 그녀들이었지만 새로 생긴 우물에 대해서는 알 수 없는 핑계를 대며 가지 않았다. 왜 그랬을까? 이 며느리들에게는 물을 길러 가는 것이 곧 자유와 해방의 시간이었던 것이다. 먼 거리를 왔다 갔다 하여 고달팠지만, 그 순간만큼은 그 누구의 속박도 받지 않은 채 여자들끼리만 즐길 수 있는 자유의 시간이었다.

게토레이 라이트의 실패

미국의 게토레이는 스포츠 음료로 큰 성공을 거두고 있었다. 하지만 운동을 하는 여자 고객들 사이에서는 높은 칼로리 때문에 외면 당하고 있었다. 저칼로리 스포츠 음료에 대한 니즈가 존재한다고 판단하고, '게토레이 라이트'를 출시하게 된다. 개념적으로는 성공 가능성이 높은 제품이었다. 하지만 웬일인지 시장에서의 판매는 매우 미미하였다. 주타깃이라고 생각되었던 여성 고객층들의 행동을 면밀히 살펴보았다. 운동 시 칼로리를 신경 쓰는 고관여자들은 스포츠 음료가 아닌 순수한 물 기반의 음료를 찾고 있었다. 스포츠 음료의 경쟁 제품이 스포츠 음료 라이트 버전이 아닌 물이었던 것이었다. 결국 게토레이는 '프로펠(Propel)'이라는 물을 기반으로 한 스포츠 음료를 출시하게 되었고, 이것은 출시된 첫 해에 매출이 120밀리언 달러를 넘는 큰 성공을 거두었다.

소비자들은 자기가 어떻게 행동할 것인지를 미리 예측하여 표현하는 데 매우 서툴다. 의도적으로 거짓말을 하는 경우도 있지만 보다 많은 경우에는 자신도 어떻게 행동할지 예측이 가능하지 않기 때문이다. 그만큼 행동이라는 것은 복잡하고 미묘한 것이다. 그래서 숫자를 믿으면 안된다. 많은 여론 조사가 틀리고 선거 사전 조사가 꽝이 되는 이유도 바로 이러한 부분에 있다. 트럼프가 당선될 것이라고는 그 어느 리서치도 숫자로 제시하지 못했다. 이는 샘플링의 오류만이 아닌 행동을 규정하고, 영향을 주는 여러 요인들에 대한 복잡한 연관 관계에서 비롯된다. 트럼프를 지지하지만 그를 지지한다고 말하는 자신이 싫었을 수도 있다. 주위에서 보는 시선이 부담스러웠을 수도 있다. 미처 파악되지 않은, 그러나 더 중요한 그 무엇이 행간에 존재했던 것이다.

행간을 읽어라

우리는 매우 이성적이고 싶어한다. 최소한 설문 조사에는 스스로 그렇게 믿고 답한다. 그러나 우리의 무의식 속에는 인식(perception), 태도(attitude), 가치(value) 믿음(belief)과 같은 개념들이 켜켜이 존재하고, 이것들이 상호 연계돼서 실제 취하는 행동에 영향을 주고 있다. 리서치에서 제시되는 숫자를 액면 그대로 믿고 판단 내리는 것은 매우 위험하다. 30%의 고객들이 그 제품을 사겠다고 응답했지만 실제로는 그것을 능가하기도 하고 때로는 훨씬 못 미칠 수도 있다.

표면적인 숫자 뒤에 숨은 뜻을 이해하기 위해서는 어떻게 접근해야 할까?

정성 조사에 공들여라

첫 번째, 정량적인 리서치보다 정성적인 리서치에 더 많은 돈을 쓰라고 조언하고 싶다. 소비자들을 소규모로 인터뷰하거나, 초기 가설 수집을 위해 전문가 인터뷰를 진행하거나, 가정 방문을 통해 고객을 관찰하거나 하는 정성적인 리서치를 거친 다음에 정량적 단계로 넘어가는 것이 일반적이다. 문제는 대부분의 경우 정성적인 부분은 간략하게 진행하고, 정량적인 조사에 더 많은 자원을 투자한다는 것이다. 그러나 나의 경험상, 더 많은 인사이트는 정성적 조사를 통해 얻어졌다. 초기에 정성적 리서치를 얼마나 철저하게 했느냐에 따라 정량적인 조사 결과가 나왔을 때 결과를 제대로 해석할 수 있었다. 이미 선진 기업들 중에는 정성 조사에 더 많은 자원을 쏟아 붓는 경우들이 많아졌다. 에스노그라피(Ethnography), 뉴로사이언스(neuro science) 등 그 조사 기법도 정교해지고 다양해졌다. 정성 조사에 정성과 시간을 쏟아 많은 인사이트를 얻어 놓아야 숫자의 해석이 가능해진다.

무의식적 오류를 방지하라

두 번째, 응답자의 응답 오류를 방지해야 한다. 숫자는 이렇게 나왔지만 반드시 그런 의미가 아닐 수도 있다. 응답자의 실수일수도 있고 의도적인 숨김일수도 있다. 민감한 부분의 질문, 또는 정체가 모호한 새로운 개념에 대한 질문일수록 이러한 오류가 자주 발생한다. 이러한 실수를 방지하기 위해 서로 비슷하지만 충돌할 수 있는 질문들을 정량 조사 질문지에 포함시켜놓아야 한다. 예를 들어 '당신은 보수적입니까?'라는 질문이 있었다고 하면 '당신은 소수적인 행동을 한 적이 있습니까?'라는 비슷한 질문도 있어야 한다. 단 하나의 질문만으로 그 사람의 성향이나 행동을 예측하는 것은 매우 위험하기 때문에, 충돌되는 질문들을 기술적으로 배치해놓음으로 오류적인 부정직을 잡아내고 응답자의 숨은 의도를 파악할 수 있다. 고객의 구매 의향을 알고자 할 때도 여러 각도에서 다양한 질문을 체계적으로 던져 종합적인 판단을 내릴 수 있어야 한다. 컨조인트 분석과 같이 직접적인 질문을 피하면서 고객의 의향을 파악할 수 있는 리서치 방법을 적극 활용하는 것도 하나의 방법이다.

확인하고 이해하라

세 번째 방법은 정량 조사 이후에 다시 한 번 정성 조사를 실시해 정량 조사 결과에 대한 'why'를 탐색해보는 것이다. 가설보다 새로운 제품 콘셉트에 대한 기대감이 낮게 조사된 경우, 특히 반응이 좋지 않았던 세그먼트를 대상으로 소규모 인터뷰를 진행해볼 수 있다. 어떤 부분 때문에 선호하지 않는 것인지, 어떻게 수정되면 좋겠는지, 결과를 놓고 다시 고객의 인풋을 얻어야 한다. 숫자의 의미를 완전하게 이해하기 위한 노력이다.

우리 회사, 우리 제품, 우리 지역만의 판단 기준(Norm)을 갖는 것은 숫자 뒤에 있는 진실을 읽는 데 또 하나의 도움이 되는 방법이다. 어떤 수치가 나왔을 때 이것이 긍정적인지 부정적인지 판단이 서지 않을 수 있다. 구매 의향이 30%면 낮은 건지, 높은 건지, 좋아해야 하는 건지, 아닌 건지, 알 길이 없다. 경쟁사 대비 조금 높으니 위안이 되기도 하다가, 절대 수치는 여전히 낮은 거 같아 헷갈리게 된다. 같은 질문에 대해 그동안 축적되어 있는 놈(norm)이 있다면 이런 경우 판단이 용이해진다. 우리 회사만의, 우리 제품만의 고유한 데이터 기록들이 있는 것이다. 구매 의향 30% 이상이 얼마나 자주 있는 결과인지, 이 경우 제품화되어 출시되면 시장 내 판매량이 어느 정도인지, 최대한 질문의 유형과 샘플링이 동일하게 통제된 가운데, 같은 질문에 대한 답들이 기록적으로 축적되어 있어야 한다. 우리 회사의 결과가 없다면 전문 기관에 의뢰해 해당 산업군의 공통 놈(norm)을 기준으로 삼을 수도 있다.

숫자에 눈멀어서는 안된다. 오히려 그 숫자는 나를 함정에 빠트릴 수 있다는 것을 기억하고 그 숫자를 제대로 해석하기 위한 근육을 길러놓아야 한다. 우리는 비지니스를 하는 사람들이다. 과학자가 아니고 물리학자도 아닌, 우리들에게는 숫자 그 자체가 아닌, 숫자 뒤에 제시되어 있는 진실을 읽는 능력, 숫자를 포함한 종합 판단을 내릴 수 있는 능력이 필요한 것이다.

Leave
work
on time

4장

협업의
영향력

Leverge

협업을 이끌어내는
능력으로 나는 증명된다

잘 물어야
잘 얻는다
Questions matter

좋은 답을 구하기 위해서는 좋은 질문을 해야 한다. 가장 적절한 방법으로 '잘' 질문해야 한다. 비공식적이 아닌 공식적인 인터뷰를 요청하는 경우, 특히 내가 잘 알지 못하는 사람들에게 비교적 많은 양의 정보를 얻고자 할 때, 질문을 잘 하는 것은 특히 중요하다. 이왕 하려면 프로페셔널하게 해야 한다.

"그냥 부담없이 인터뷰에 응해주십시오." 라고 상대에게 청하되, 자신을 엄청난 부담을 갖고 인터뷰를 준비해야 한다. 그래야 최고의 인터뷰 효과를 얻을 수 있다.

파워풀한 인터뷰를 위한 방법을 알아보자.

체계적인 준비를 시작하라

첫 번째는 인터뷰 준비 과정에서 꼭 염두에 둬야 할 부분이다. 인터뷰 요청은 이메일을 통해 하는 것이 가장 부담이 없다. 문자나 전화로 요청을 할 경우 공식적인 정중함이 덜하고, 상대가 바쁠 경우에는 잊히거나, 급작스러운 요청에 당황할 수 있다. 상대에게 인터뷰를 거절할 수 있는 기회를 준다는 의미에서도, 잘 모르는 상대에게 인터뷰를 요청할 때는 이메일을 사용하는 것이 적합하다.

두 번째, 상대에게 보내는 이메일에는 인터뷰의 목적과 배경 설명이 자세히 들어가야 한다. 왜 다른 사람이 아닌 귀하를 인터뷰하려고 하는지, 귀하께 어떤 부분의 도움을 기대하고 있는지도 소상히 알리는 것이 좋다. 마지막으로는 귀하를 어떻게 알게 되었는지, 누구의 추천이었는지를 밝히는 것이 도움된다. 특히 그 사람의 상사이거나 긴밀한 관계를 유지하며 일하고 있는 사람들의 추천일 경우에 인터뷰에 응해줄 확률이 가장 높아진다.

사전에 인터뷰 질문지를 보내는 것 역시 반드시 필요한 과정이다. 아무리 간단하고 부담 없는 자리라고 해도 질문지를 미리 공유하는 것이 효율적이다. 질문지는 꼼꼼하게 그러나 민감한 질문은 제외하고 어떤 흐름으로 인터뷰가 진행될 것인지를 알 수 있도록 구성해야 한다. 진행될 인터뷰의 질문지를 미리 전달하겠다는 것을 처음 보내는 이메일에 명기하는 것도 잊어서는 안된다. 상대의 부담을 덜어줄 수 있다.

상대 말을 에코잉하라

실제 인터뷰를 진행할 때 몇 가지 염두에 둬야 할 사항이 있다. 무엇보다 상대에게 당신의 말이 굉장히 중요하고, 내가 하는 일에 큰 도움이 된다는 것을 여러 차례에 걸쳐 표현해야 한다. 그것은 말이 아닌 행동이나 그 외의 암시적인 표현일 수도 있다.

첫 번째 팁은 감탄사를 적절히 사용하는 것이다. 고개를 끄덕거리는 등 신체적 언어를 사용해 당신의 말을 경청하고 있고, 지금 그 말씀은 굉장히 중요한 인사이트가 되고 있다는 사인을 지속적으로 보여야 한다. 굳은 표정으로 무조건 받아 적기만 하는 인터뷰어 앞에서는 내 스스로 할 말을 감추게 되는 경우가 많다. 적극적으로 경청하는 리액션이 무엇보다 중요한 행동임을 기억해야 한다.

상대의 말을 중간중간에 반복하는 자세도 필요하다. "아, 그러니까 방금 그 말씀은 저희 조직의 문화적인 변화가 중요하다는 의미시죠?"라는 식으로 말이다. 이처럼 상대의 말을 반복해 추가적인 이야기를 기대할 수 있다. 반복을 통해 상대는 '이 부분이 중요하구나.'라고 힌트를 얻게 되고, 추가적인 예시나 논리를 가져와 자신의 말을 조금 더 상세히 풀어주려고 할 것이다. 중요하다고 생각되는 말은 반드시 반복해서 상대가 그 부분에 대한 중요도를 인식할 수 있도록 하라.

인터뷰 중간 짧은 침묵이 있을 수도 있다. 특히 대답하기 어려운 질문에 대해서는 인터뷰어에게 생각할 시간이 필요하기 때문이다. 그 부분을 허용하라. 침묵이 생긴다고 그것을 불편하게 여기거나 다른 질문으로 분위기를 전환하려 하지 말고 일정한 시간의 침묵도 허용하며 기다리는 인내심이 필요하다. 상대가 답이 불필요하다고 생각되거나 어렵다고 느끼면 다음 질문으로 넘어가길 원할 것이다. 앞서 급하게 몰아가는 인터뷰가 아닌, 상대에게 충분한 시간을 허용하는 인터뷰가 되어야 한다.

민감한 질문은 마지막 순서로 아껴두어라

간혹 다소 민감한 사안의 질문들이 있을 수 있다. 어떻게 하면 가장 효율적으로 이런 질문들을 처리할 수 있을까? 나의 경험상 민감한 질문은 인터뷰 말미에 물어보는 것이 가장 적절했다. 인터뷰 처음이나 중간에 민감한 질문을 쏟아내면 대부분의 인터뷰어는 마음을 닫는다. 인터뷰가 충분히 성공적이고 재미있게 진행되었고 상호 간 신뢰가 어느 정도 형성된 후, 상대가 방어적이지 않을 때 민감한 질문을 하면 솔직한 대답을 들을 수 있다. 이것을 일명 '콜롬보 전술'이라고 하는데 수사를 끝내고 돌아서며 상대의 긴장감이 풀어졌을 때 훅 던지는 질문이 중요한 질문이라는 데서 유

래했다.

"그런데, 그 죽은 사람을 미워하신 적이 있으시지요?"라는 식의 질문이다. 사건 해결에 필요한 결정적 단서를 얻고자 썼던 전략이다. 민감한 질문은 인터뷰 말미에, 상대의 긴장감이 풀어졌을 때 던져보자.

민감한 질문에 대한 답을 얻는 또 하나의 방법은 '당신이라면?'이라는 질문을 하는 것이다. 지금까지의 인터뷰는 모두 객관적인 부분, 그리고 귀하가 생각했을 때 이 프로젝트를 이렇게 진행하면 좋겠다는 내용의 조언이었다면, "만일 이것이 나의 일이 아니라 당신이 해야 하는 일이라면 어떻게 하겠습니까?"라는 질문을 해보는 것이다. 이 질문은 상당히 유용하고 적지 않은 경우 본 인터뷰에서 나온 답과는 굉장히 다른 답을 얻게 해준다. 조직에 필요한 부분은 이러이러한 것이라고 설파했던 인터뷰어도 "만약에 당신이라면 그것을 하겠느냐?"는 질문에서는 "나라면 안한다. 그 부분은 아직까지는 시기 상조다." 혹은 "나라면 더욱 강하게 나갈 것이다. 나는 그 부분에 대해 구상한 아젠다가 따로 있기 때문이다."라는 식으로 대답하게 되는 것이다.

업무에서뿐만 아니라 사적인 부분에서도 비슷한 경험을 하곤 한다. 병원에서 나의 증상에 대해 의사와 상담하다 보면 너무 객관적이고 애매한 답을 듣게 될 때가 많다. 이야기를 듣다 보면 그래서

치료를 하라는 건지, 지켜보라는 건지, 이 약을 건강보조제로 먹으라는 건지, 먹지 않는 편이 좋다는 건지 헷갈릴 때가 있다. 이럴 때면 상담을 마치고 나오는 문가에서 다시 뒤돌아 한 마디 묻는다. "만약 의사 선생님이 저라면 이 건강 보조제를 드시겠어요?" 그 보조제의 큰 위험성에 대해 보고된 바가 없으므로 먹는 것도 괜찮지 않겠냐는 상담 내용과는 달리 "나라면 안 먹겠다."는 답이 돌아온다. 왜냐고 묻는 내 질문에 "저는 환자 중에 그 보조제를 오랫동안 먹은 사람들을 너무 많이 봤기 때문에, 개인적 경험을 기반으로 해서 먹지 않겠다." 는 답이 돌아오는 것이다. 그렇다면 그 보조제를 안 먹는 것이 정답이다. '당신이라면?' 이 질문은 모든 사건과 상황을 주관적으로 인식하게 만드는 유용한 도구다. 다른 각에서 진실된 답을 얻게 해준다. 모든 인터뷰에서 이 질문을 한 번 정도는 써보기를 바란다.

인터뷰는 혼자보다 두 사람이 함께 진행할 때 보다 효율적이다. 질문을 던지는 것과 메모하는 역할을 서로 번갈아 수행함으로써 부족하거나 치우치는 부분에 대해 다른 한 사람이 균형을 잡아줄 수 있기 때문이다. 인터뷰이는 한 명, 인터뷰어는 두 명인 세팅이 가장 안정감을 주는 구도라고 생각한다.

인터뷰 후를 관리하라

마지막으로 인터뷰가 끝난 후에는 반드시 일주일 이내 감사의 이메일을 보내도록 하자. 열심히 인터뷰를 요청해 많은 정보를 가져간 다음 일이 어떻게 진행되고 있는지 아무런 정보도 전해주지 않는 경우가 많다. 하지만 향후에 있을 수 있는 또 다른 인터뷰를 위해서나 다른 인터뷰이를 소개받을 수 있는 기회가 될 수도 있으니 반드시 우호적인 관계 형성을 해둘 필요가 있다. 그 사람의 시간과 노력에 대한 감사의 마음을 담아 진심 어린 이메일을 보내자.

그리고 편지 안에는 '당신이 말씀해주신 이야기를 바탕으로 일은 이렇게 진행될 예정이며, 앞으로 언제쯤 결과가 나올 것이다.'라는 소식과 함께 '관심이 있으시다면 그 결과에 대해 공유하겠다.'는 말을 담는 것을 잊지 말자.

인터뷰는 유용한 정보를 얻을 뿐만 아니라 새로운 사람과의 관계를 형성하는 하나의 중요한 순간이 될 수 있다. 결정적인 MOT (moment of truth)가 되는 것이다. 그러므로 철저한 준비를 통해 가장 프로페셔널한 인터뷰를 함으로써 원하는 정보를 얻고 상대에게 깊은 인상도 남겨줄 수 있다.

한 방에 끝나는
회의는 없다
Park the ideas

성과도 없이 모이기만 좋아하는 사람들이 있다. 회의를 해도 결론이 없다. 누군가 불쑥불쑥 이상한 화두를 꺼내고, 한 번 어긋난 화제는 돌아올 줄 모르고 공회전을 거듭한다. 회의 무용론이 등장한다. 소통이 중요하다고 생각은 하지만 회의라면 지긋지긋하다. 회의를 잘하는 것은 한정되어 있는 시간과 자원을 잘 활용해 최단 시간에 의사 결정을 위한 최고의 도움을 얻는 것을 의미한다. 회의를 한 번 망친다는 것은 단순히 그 시간을 소비했다는 의미가 아니라 다음 회의에 대한 기대감을 떨어뜨리는 실망감을 준다. 회의 하나하나는 매우 전략적으로 준비되고 잘 활용되어야 한다. 한 번

하더라도 잘해야 하는 회의, 그래야 기쁜 마음으로 모이고 또 모이는, 유익한 시간이 될 수 있다.

관계 부서들을 모아서 회의를 할 때 아젠다와 참석자, 그 회의에서 결정돼야 할 사항을 미리 정하게 된다. 그리고 각 참석자들이 준비해와야 할 것을 명시해 공식적인 회의 소집을 한다. 여기까지는 힘들지 않다. 안건이 중요하다면 관련된 사람을 모으는 일 또한 어렵지 않다.

하지만 중요한 것은 회의를 어떻게 이끌 것인지다. 나의 역할이 회의에 참석해 의견을 경청하는 입장이라면 간단하다. 그 자리를 하나의 커다란 인터뷰 자리라고 인지하고 적절한 질문을 하고 정리하는 역할을 담당하면 된다. 하지만 나 또는 나의 부서가 주도하는 회의, 특히 어떤 결정을 내려야 하는 자리라면 면밀한 준비가 필요하다. 그 회의가 어떻게 진행되느냐 그리고 아웃풋이 어떻게 수렴 되느냐가 나와 내가 속한 부서에 대한 평가에 많은 영향을 주기 때문이다. 그냥 매일 하는 회의, 별 준비 없이 일단 같이 모이고 보자는 태도는 곤란하다. 한 번의 회의라도 잘 준비하고 잘 진행된다면 당신에 대한 평가가 달라 질 수 있다.

주제를 벗어나는 회의
난감한 상황 세 가지에 대해 이야기해보겠다. 어떻게 하면 가장 효율적으로 대처할 수 있는지에 대한 경험도 공유해보고자 한다.

첫 번째, 회의가 자꾸 주제를 벗어나는 상황이다. 새로운 고객 관리 기법에 대해 논의하는 자리다. 지금까지의 고객 관리 방법에 대한 문제점이 발표되고 그 부분에 대한 각 부서의 의견과 새롭게 시도해볼 수 있는 다양한 아이디어들이 오고 간다. 이때 누군가 고객 관리 방법이 아니라 현재 우리 회사의 신규고객 모집에 대한 이야기를 시작한다.

"기존 고객 관리도 문제지만, 진짜 문제는 신규 고객 확보라고. 안그래? 우리 회사는 그걸 너무 못해."

기존고객 관리, 즉 CRM(customer relationship management)이 회의의 주요 아젠다였는데 갑자기 신규고객 모집 방법의 타당성에 대한 이야기로 주제가 변질되는 것이다. 중요한 사안이긴 하지만 오늘 회의에서 풀어야 할 문제는 아니다. 이럴 땐 어떻게 하면 그 말을 한 동료의 체면을 살려주면서도 자연스럽게 본 주제로 돌아갈 수 있을까?

일단 회의를 주재하는 입장에서 그 발언에 적극 동조해주는 자세가 필요하다. 지금은 때가 아니니 나중에 논의하자고 말을 잘라버리면 다른 사람들의 발언 또한 위축될 것이다. 일단 관심을 보이고 이에 적극 동조하면서 관련된 질문도 한 두개 정도 던져보는 것이 좋다.

"맞습니다. 신규 고객 모집에 있어서도 굉장히 어려움이 많죠. 현재 온라인상으로 들어오는 고객 비율이 20% 정도 되는 거죠?", "최근에 신규 단장한 홈페이지를 통해서 고객들이 많이 유입된다고 하는데 그 고객들에 대한 정보 관리가 잘 안 되나 보죠?" 이런 식으로 비교적 간단하게 답할 수 있는 질문을 한 두개 정도 던져 그 주제는 충분히 중요하고 나 또한 관심이 있다는 것을 보여주는 것이다. 그리고 난 다음 그 주제도 너무 좋지만 다음 기회를 위해서 일단은 보관하자는, 'park the idea'를 제안해야 한다. 그 생각을 지금 진행하는 것이 아니라 잠깐 주차해놓자는 의미다.

"회의 말미에 조금 시간을 내서 그 주제를 이야기해보는 게 어떨까요? 아니면 "그 부분에 대해서는 고객관리팀과 IT 부서와 함께 생각하면 좋을 것 같은데 참석자를 바꿔서 다시 회의를 소집하겠습니다." 라고 제안해야 한다. 막연히 다음 기회에 이야기해보자는 말로 끝내면 제안을 한 사람들이 무안해하기 쉽다. 같은 각도지만 조금 더 구체성을 띄워 참석자의 범위를 바꾸거나 언제 그 회의를 하면 좋겠다는 제안을 하면서 이야기를 마무리 해야 한다.

이를 통해 말을 꺼낸 사람의 체면도 서고 그것을 바라보는 다른 사람들도 자신이 어떤 이야기를 하더라도 회의에 도움이 될 수 있겠다는 자신감을 가질 수 있다.

민감한 사항을 결정해야 하는 회의

두 번째는 민감한 사안에 대한 결정이 반드시 내려져야 하는 회의를 주재하는 경우다. 여러 부서의 생각이 다를 수 있기 때문에 상당히 첨예한 토론이 이루어질 것으로 예상된다. 신차 출시 전, 기존 모델에 대한 큰폭의 할인 프로모션으로 재고를 털어내고 싶어 하는 영업 부서와, 브랜드 신뢰도 측면에서 직접 가격 할인을 반대하는 마케팅 부서가 최종 의사 결정을 위해 회의를 소집하였다. 어려운 자리다. 이런 상황을 피할 수는 없지만 잘 준비해 무리 없이 진행시킬 수는 있다. 기억해야 할 한 가지는 회의에서 발표될 내용을 사전에 철저하게 공유시키는 것이다. 특히 관계 부서 임원들에게는 이메일이 아니라 대면보고를 통해 회의에서 다뤄질 내용을 짧게라도 사전 브리핑해주는 것이 좋다. 그 회의가 임원급이 아니라 실무진급 회의라고 할지라도 반드시 임원이 알고 그 부분에 대해서 자기 부서의 실무자에게 방향성을 줄 수 있게끔 기회를 주어야 한다.

또한 토론이 흘러갈 수 있는 몇 가지 상황에 대한 시나리오를 미리 설정하고 그 각각의 부분에 대한 'next step'을 사전에 정해 놓아야 한다. R&D와 영업의 의견이 팽팽히 맞서거나 IT와 마케팅 부서의 생각이 너무 달라 전혀 결론이 나지 않을 때에는 '일주일 이내에 부사장급 회의를 소집해서 이 부분에 대해 최종 결정하겠다.'와 같은 제안을 미리 준비해야 한다. 이미 동의되었다고 생각했던 행사 추진에 대한 뒤늦은 태클이 들어오는 경우를 대비해 "다음 주 행사 진행 부서에서 별도 설명회를 개최할 예정입니다. 그때 이 부분을 검토하면 됩니다."와 같은 준비가 되어있어야 한다.

그리고 본 회의를 시작하기 전에 회의 결과에 따라 준비되어있는 여러 'next step'들을 미리 공유해 모든 참석자가 회의 결과에 따라 벌어질 수 있는 시나리오를 투명하게 알 수 있도록 해야 한다. 어떤 성격의 회의든 결과에 따른 다음 프로세스를 모르고 있어서는 안된다. 결론이 나지 않아 또 다른 미팅이 소집될 거라고 기대하고 있었는데, 느닷없이 상급자 회의가 소집되거나 위원회로 의사 결정이 넘어가버리는 경험은 여러모로 최악이다. 당신과 당신 부서는 믿지 못할 사람들아 되며, 사람들은 당신 부서가 주재하는 또 다른 회의에 상당히 민감하게 반응할 것이다. 철저한 사전 공유, 회의가 결론이 났을 때와 나지 않았을 때 각각의 'next step'이 준비되고 공유되는 것, 민감한 회의를 잘 이끌 수 있는 방법이다.

서로의 아젠다가 충돌하는 회의

세 번째는 의사 결정을 하려고 소집한 자리인데 각 부서 사이 입장이 정리되지 않아 난상토론이 벌어지는 경우다. 특정 부서가 주변 의견을 충분히 수렴하지 않은 채 일을 추진 시킬 때 발생할 수 있는 상황이다.

새로운 디지털 광고를 기획하기 위해 해당 부서를 모아서 회의를 한다. 그러나 새로운 광고에 대한 아이디어를 내놓기에 앞서 현재 디지털 플랫폼이 과연 유용한 것인지, 제대로 구축된 것인지에 대해 여러 부서에서 불만이 터져나오기 시작했다. IT 부서는 처음 디지털 플랫폼에 대한 구성(configuration)이 자세하지 않았다고 불만을 터뜨리는가 하면, 영업팀은 디지털 컨텐츠가 영업에 도움이 되지 않는다고 불평하고 있다. 불필요한 예산 낭비가 너무 많았다는 재무부의 지적에 이어 사용이 너무 어렵다는 고객관리 부서의 불만도 쏟아진다. 이 정도 되면 신규 광고에 대한 논의보다는 디지털 플랫폼에 대한 각 부서의 불만을 수렴하는 공청회장으로 급히 그 아젠다를 수정하는 것이 맞다. 항상 나의 아젠다 대로만 진행된다면야 아무런 어려움이 없겠지만 내가 원했던 부분이 아닌 엉뚱한 방향으로 흐르는 리스크는 언제나 존재한다. 일단 '불만들은 접어두고 오늘 회의는 광고에 대한 것이니 그 부분에만 집중하자.'고 책상을 친다면 당신이나 당신의 부서는 편협하고 소통하려 들지 않는다는 딱지를 얻게 될 것이다.

오히려 의자를 당겨 앉고, "너무 중요한 말씀들을 하시니, 오늘 그 주제로 회의 내용을 바꿔보지요."라며 적극적으로 듣고자 해야 한다. 일은 조금 미뤄지거나 망칠 수 있다. 하지만 어떤 경우에서든 사람과의 관계, 타부서와의 관계를 망칠 수는 없다. 디지털 광고는 다시 논의할 수 있지만 잘 들어주는 사람들이라는 명성을 얻을 기회는 다시 오지 않는다.

예측하지 못했던 회의 흐름 앞에서, 때로는 원래 아젠다를 버리고 보다 중요한 새로운 아젠다로 과감하게 전환할 수 있어야 한다. 용기 있고 현명한 결정이 될 것이다.

아이디어는
남의 생각에서 얻어진다
Building on each others' ideas

혼자 일하는 것은 결코 팀으로 일하는 것을 당해내지 못한다. 두 개의 프로젝트를 각각 한 명씩 맡는 것보다 두 프로젝트를 두 사람이 같이 수행하는 것이 더 좋은 결과를 낳는다고 믿는다. 서로의 생각에 도전하고 부족한 부분을 채워주는 파트너(thought partner)가 있다는 것은 일을 수행하는 데 매우 유용하다.

같은 맥락에서 사람들의 생각을 모아 더 좋은 생각을 도출해내는 브레인 스토밍은 언제나 도움이 된다. 업무에 바빠 브레인 스토밍할 시간이 없다는 것은 핑계다. 요령껏 그리고 지혜롭게 실천 가능하며 습관 같은 조직 문화로 자리매김시킬 수 있다. 이번에는 내가 너의 브레인 스토밍에 참여해 도움을 줬다면 다음 번에는 나도 너를 브레인 스토밍에 초대할 수 있는, 서로서로 도와주는 문화가 만들어질 수 있다.

브레인 스토밍은 재미있다. 내가 하는 업무에만 매달려 있다가 잠시 시간을 내 다른 일을 생각해볼 수 있는 기회가 되고, 나의 업무에 좋은 생각을 덤으로 얻을 수도 있다. 일을 효율적으로 하는 직원들을 살펴보면 주변 동료를 잘 활용한다는 공통점을 발견할 수 있다. 시기 적절하게 의견을 구하고, 집단 지성의 시너지를 십분 활용한다. 기분 좋게 초대되고 유익한 토론이 진행되기 때문에 주변 동료들도 적극적으로 참여하려 한다. 브레인 스토밍의 잇점을 적극 활용하는 능력자들인 것이다.

브레인 스토밍의 미학

브레인 스토밍을 하기 가장 좋은 타이밍은 점심시간이다. 업무 중에는 따로 시간을 내기 어려우니 점심시간에 간단한 샌드위치라도 준비해서 워킹 런치(working-lunch) 브레인 스토밍을 주최해보는 것이 좋다. 이 때 시간은 2시간을 넘지 않는 것이 좋다. 집중할 수 있는 최적의 시간이다.

성공적인 진행을 위한 첫 번째 스텝은 사전 준비다. 무조건 사람들을 모아서 이야기를 해보겠다는 생각은 백전백패다. 팀 회의 중에 아이디어가 나오지 않는다며 '이 부분에 대해 사람들을 모아 브레인 스토밍이라도 해보자.'라고 이야기하는 경우를 종종 보게 된다. 하지만 아무 생각이 나지 않으니 다른 사람의 생각을 들어나 보자는 자세로 접근하면, 브레인 스토밍을 통해 얻는 것도 매우 제한적일 수밖에 없다.

첫 번째 준비는 토론 결과에 대한 나의 가설을 준비하는 것이다. 이 주제에 대해 사람들이 제안할 수 있는 아이디어 몇 개를 가설적으로 미리 정리해놓아야 한다. 그래야만 아이디어를 내기 위해 우왕좌왕하다가 두 시간이 지나가버리는 비극을 막을 수 있다. 가설을 세우기 힘들다면 최소한 그 답을 끌어낼 수 있는 프레임(frame)은 가지고 있어야 한다. 시장에서 찾을 수 있는 성공과 실패 사례도 찾아놓아야 한다. 창의적이라는 것은 아무런 규칙이 없다는 것을 의미하는 게 아니다. 가장 효율적으로 생각을 정리할 수 있는 판이 규정되어 있을 때, 사람들은 그 안에서 더 큰 능력을 발휘할 수 있다. 생각의 스프링 보드가 되어줄 수 있는 가설과 예시, 이론적 프레임들, 효과적인 브레인 스토밍을 위한 사전 준비 작업 1호들이다.

Be the customer

두 번째로, 참석자들을 토론에 몰입할 수 있도록 사전 준비시키는 작업이다. 밀레니얼 세대에 다가갈 수 있는 새로운 소통 플랫폼을 구상하는 브레인 스토밍을 연다고 가정해보자. 참석자들에게 밀레니얼 세대에 대해 미리 고민하고 올 수 있게 하는 것은 매우 훌륭한 사전 준비다. 서점에 가서 관련 책을 찾아보고 그 책 사진을 찍어서 인증샷을 보내달라고 요청할 수 있다. 인증샷을 보내준 사람들에게는 간단한 커피 쿠폰이나 문화상품권을 줌으로써 재미를 더한다. 밀레니얼 세대들이 모이는 장소에 가서 그들이 어떻게 노는지 사진을 찍어서 보내달라고 하고, 그 자료를 브레인 스토밍하는 공간에 전시해놓는 것도 좋은 방법이다. 공간의 몰입도를 높혀주는 것이다. 밀레니얼 세대에게 인기 있는 소통 플랫폼을 직접 경험하고 자신의 경험담을 공유하는 'be the customer' 세션도 효과적이다. 이런 과정들은 브레인 스토밍 참가자의 기대감을 높히고 참가자의 간접 경험을 증대해 몰입도 있는 브레인 스토밍을 가능케 한다.

세 번째, 브레인 스토밍 시작과 동시에 짧지만 강력한 프레젠테이션을 해야 한다. 10분을 넘지 않는 분량이어야 하고, 공식적인 발표여야 한다. 오늘 브레인 스토밍의 목적과 진행 방법, 어떤 부서에서 참여를 해주셨는지, 그리고 가능하면 초기 프레임과 가설을 함께 공유하는 것이 좋다. 진행 방법에 있어서는 전체 브레인 스토밍 시간과 각 단계별 활당된 시간을 정확히 명시해야 한다.

'앞으로 2시간 동안 부담 없이 여러 의견을 청취하겠습니다.'라는 자세로 뛰어들면 십중팔구 토론은 산으로 간다. 아젠다를 이해하는 것에, 또는 이 아젠다가 중요한 것인지를 토론하는 데 1시간 30분을 쓰게 될 것이다. 전체 목적 소개, 인사이트 토론, 아이디어 도출, 아이디어 우선순위화, 최종 선정 및 실행 안 논의 등과 같이 토론 단계를 정하고, 각 단계별로 할당 시간을 미리 정해 모든 참석자들이 이 시간 안에 해야 할 일에 대해서 같은 생각을 가지게 만드는 것이 매우 중요하다.

앞치마를 입혀라

네 번째로 브레인 스토밍 진행을 위한 몇 가지 팁이 있다. 일단 참석자들의 타이틀은 제외하는 것이 좋다. 과장님, 차장님, 부장님 이런 호칭들은 모두 생략하고 아무개 님 또는 별명이 있다면 별명을 불러주는 것이 좋다. 물론 상대가 기분 나빠하지 않는 별명이어야 한다. 영어 이름이 있는 경우에는 서로 영어 이름으로 부르는 것도 하나의 방법이다. 약간 오글거리는 면은 있지만 빠른 속도로 분위기를 연화시킬 것이다.

참석자들에게 작은 소품을 나눠 줌으로 본인의 신분을 잠시 잊게 만드는 것도 매우 효과적이다. LG전자에 있을 때 새로운 냉장고 콘셉트에 대한 브레인 스토밍을 한 적이 있다. 미래형 냉장고를 구상하는 내용으로 지금 시중에 나오고 있는 'door in door 냉장고' 콘셉트 등이 그 때 도출됐던 아이디어들이다. 참석자들의 몰입도를 높히기 위해 브레인 스토밍 내내 앞치마를 착용하도록 했다. 상무님들은 물론 부사장님까지도 앞치마를 두르고 브레인 스토밍에 참석했다. '뭐 이런걸 입히냐.'며 쑥스러워 하셨지만, 막상 앞치마를 입고 냉장고 앞을 왔다 갔다 하면서 냉장고를 매일 사용하는 주부의 느낌으로 제품을 다시 보게 되었다고 했다. 아주 작은 변화를 줬을 뿐인데 스스로 어떤 상징성을 암시적으로 갖게 되는 것이다. 마찬가지로 젊은 사람들을 위한 브레인 스토밍을 할 때는 그들이 즐겨 쓰는 선글라스나 즐겨 읽는 잡지, 그들이 즐겨 드는 가방들을 나눠주었다. 이것들을 착용하기도 하고, 브레인 스토밍 내내 만지작거리기도 하며 타깃에 대한 생각을 지속적으로 할 수 있게 만들었다. 작은 소품들은 우리가 생각하는 것보다 훨씬 더 강력하게 타깃에 대한 몰입을 가져다 준다. 반드시 고려해볼 만한 효과적인 방법이다.

생각을 시각화하라

브레인 스토밍이 진행되는 현장에는 떠오르는 아이디어를 즉각 시각화할 수 도구들이 필요하다. 차트나 포스트잇 그리고 그림을 그릴 수 있는 스케치북과 같이 아이디어를 시각화할 수 있는 재료들을 미리 준비해놓아야 한다. 가장 최악의 브레인 스토밍이 각자 자리에 앉아서 말만 하는 자리다. 분위기는 쉽게 경직되고 지루해 진다. 생각이 떠오를 때마다 앞으로 뛰어나가 그릴 수 있어야 한 다. 자신의 생각도 정리되고 함께 있는 사람들의 생각도 자극시킨 다. 생각한 것을 이미지화해 보는 것은 우리가 상상하는 것 이상 으로 아이디어를 구체화해준다.

내가 먼저 그려 놓으면 다른 사람들이 더 추가해 완성시켜준다. 다음 사람은 더 용기를 내서 그리게 되고 그 다음 사람이 일어나 는 것도 어렵지 않게 된다.

다섯 번째, 토론 기본 규칙을 강조해야 한다. 가장 최악의 상황 을 가져오는 것은 참석한 팀장의 한 마디다. "나 그거 옛날에 해봤 는데 그 일은 너무 돈이 많이 들어.", "아 그거 생각보다 되게 어려 워. 지금 생각이 그렇지 막상 실행하면 너무 어렵단 말이야. 그걸 실행하는 건 우리 회사랑은 안 맞아."

아이디어가 모아지기 시작할 때 나오는 이런 한 마디는 전체 분 위기를 경직시키고 그 날의 꽝을 예고해준다. 따라서 몇 가지 꼭 지켜야 할 토론 규칙을 초반에 정하고 그것을 공식화하는 것이 필 요하다.

모두가 떠들어야 한다

대표적인 룰로서 '모든 사람이 말하기'가 있다. 모든 참석자들은 반드시 한 마디씩 말하거나 그림이라도 그려야 한다는 것을 룰로 정하는 것이다. 강제화함으로 억지로 입을 열게 하는 방법이다. 최소한 다른 사람의 의견에 질문이라도 하는 것을 규칙으로 삼아야 한다. 나쁜 아이디어는 없다. 멍청한 질문은 더더욱 없다. 입을 열고 떠들게 해야 한다.

다른 사람의 아이디어에 자신의 아이디어를 얹는 것이 바람직한 브레인 스토밍 방법이라는 것을 분명히 해야 한다. 다른 사람의 의견에 자신의 생각을 얹는 것을 쑥스러워 하거나 미안해하는 경우가 있다. 누구의 것일지라도 처음에 나온 생각이 위대할 수는 없다. 큰 생각이 한 번에 뚝 떨어질 거라 기대하는 건 무모하다. 처음 아이디어 위에 다른 사람들의 생각이 덧붙여지고 파생될 때 우리가 원하는 아이디어를 얻게 된다. 다른 사람의 의견에 무조건 끼어들게 하라. 숟가락을 얹는 것을 규칙화하라. 모두가 그 역할을 할 수 있게 격려해야 한다.

어떤 경우라도 예산이나 실행 환경에 제한을 두지 말라고 강조해야 한다. 아이디어를 내는 단계에서는 아무런 제한이 없음을 강조하고, 엉뚱하고 멍청한 아이디어를 많이 내달라고 요청해야 한다.

'아이디어가 있긴 한데 이건 아마 실행하기 어려울거야.', '이건 돈이 많이 들 것 같은데…', '이건 옆 부서에서 싫어하겠지?'와 같은 생각을 애당초 지울 것을 강력하게 주문해야 한다.

많이 모으고, 많이 떠들고 많이 토론하자. 체계적으로 준비하고 필요한 규칙을 정해 진행하자. 아주 자연스러운 나의 일상이 될 수 있도록 체화시키자.

"김 과장이 오라고 하는 브레인 스토밍은 재미있고 유익해. 준비가 철저하다니까." 또 한 명의 당신의 우군이 탄생하는 순간이다.

체험은
최고의 설득이다
Get them experienced

일을 하다 보면 다른 부서를 설득해야 하는 상황이 많다. 영업팀은 특별 판촉을 위해 재경팀을 이해시켜야 되고, 콜센터도 나의 편으로 만들어야 하며, 눈에 번쩍 뜨이는 브로슈어를 제작해 달라고 마케팅 부서를 설득해야 한다. IT 부서는 효율적인 플랫폼 개발을 위해 모든 부서에게 협조를 요청해야 한다. 생산부는 구매부를 설득해야 하고, 인사 부서를 설득해 인력 재배치를 해야 한다. 상호 유기적으로 일하는 조직 안에서 설득은 매일의 일과다.

마케팅 부서는 R&D 부서 설득이 경우가 빈번했다. 기술적인 혁신에 시장 및 소비자 중심의 혁신을 결합시키는 것이 마케팅 팀의

미션 중 하나기 때문이다. R&D와 함께 일한다는 것은 쉽지 않다. 일단은 기술적인 부분에서 지식이 많이 부족하다. 제품에 대한 전문 기술 지식을 갖고 있는 부서와 새로 출시되는 신상품에 대한 토론을 한다는 것은, 출발부터가 매우 어려운 상황이다. 용어도 낯설고 깊이 있는 토론에 들어가게 되면 말문이 막히기 일쑤다. 하지만 그럼에도 불구하고 상품의 시장성을 높히기 위해 협업은 필수다.

"마케터는 기술을 너무 몰라."

LG에서 이노베이션팀 임원으로 일할 때의 일이다. 3주간 야채를 보관할 수 있는 기술 개발에 투자해야 한다는 R&D와, 소비자들이 편하게 느끼는 접점이 3주가 아닐 수도 있다고 주장하는 마케팅의 생각이 충돌하고 있었다. 기술 개발에는 자원이 소요되는 법. 더 필요한 다른 기술이 있다면 그 부분이 먼저 고객에게 제공되어야 한다는 것이 마케팅의 믿음이었다. 그러나, 냉장고의 기술적 토론에서는 백전백패, 어려운 용어나 원리 앞에서는 제대로 된 발언 한번 해보기도 힘든 상황이었다.

'기존의 성공 체험이 또 따른 성공을 막을 수도 있겠구나 어떻게 하면 이 좋은 기술을 고객들의 편의성이라는 잣대로 다시 재단할 수 있을까?' 본격적인 고민이 시작되었다.

잘 정리된 보고서를 발표하는 것만으로는 부족했다. 함께 현장으로 날아가는 것이 필요했다. "함께 시장 조사를 하도록 하시죠." 나 자신 또한 내가 모르는 것이 무엇인지 내 눈으로 깨닫고 싶었고 생각을 바꿀 수 있는 유일한 방법이 경험이라고 생각했다. 미국 가정을 함께 방문했다. 어떻게 냉장고를 사용하고 얼마나 자주 사용하며, 어떤 기대를 갖고 있는지, 현장에서 인터뷰하고 관찰하고 기록했다. 결과는 놀라웠다. 우리가 의도했던 대로 사용되고 있지 않은 냉장고를 보면서, 우리의 기대와는 다른 답을 하는 고객들을 만나며 우리의 생각은 매우 빠르게 변화할 수 있었다.

커다란 우유를 보관하라고 만들어놓은 냉장고 문에는 우유가 꽂혀 있지 않았다. 왠지 무거운 우유 때문에 문이 고장날 것 같다는 것이 고객들의 답이었다. 기술적으로 문제가 없다고 설명해줘도 고객들은 자신의 고집을 꺾지 않았다. 3주간 야채 보관이 가능한 냉장고에 대한 매력도는 매우 낮게 평가되었다. 야채는 신선해야 하고 일주일에 한번씩은 장을 보고 싶다는 것이 그들의 인식이었다. 우위성은 우위성이지만 필요하지 않은 우위성이었다.

서로의 경험이 다르기 때문에 생각이 다를 수 있다. 바라보는 곳이 같더라도 가는 방법이 다를 수 있다. 총론은 같지만 각론이 다를 수 있다. 완벽한 논리로 설득하겠다는 생각은 자칫 더 첨예한 의견 대립을 초래할 수 있다. 완벽한 논리라는 것은 결국 내 입장

에서의 각일 뿐이기 때문이다. 직접 경험하는 기회를 주는 것은 갈
등 해결을 도울 수 있는 유용한 방법이다. 과정을 공유하고 사실
을 보고 생각을 재정리할 기회를 갖는 것이다. 상대의 생각만 바뀌
는 것이 아니다. 내 생각도 조정될 수 있다.

시장의 보이스를 직접 듣는 방법은 간단하면서도 효과적인 설
득 방법이다. 고객의 달라진 소비 패턴에 대해 복잡하고 읽히지도
않을 보고서를 쓰는 대신, 고객 동영상을 보여주거나, 콜센터로 들
어온 고객 의견을 들려주는 등 시장의 소리를 가감 없이 전달하는
것이다. 이런 방법을 통해 순수한 시장의 생각을 직접 듣고 상호
간 토론할 수 있는 기반을 만들 수 있게 된다.

직접 경험만이 답이다

회사 CEO가 소비자의 소리를 직접 듣고 경험하는 일에 적극적
이라면 그 조직은 부서 간 의견 차이에 대해 더 유연할 수 있을 것
이다. 시장과 고객이라는 확고한 판단 기준이 있고 그 기준의 진짜
모습을 보고 듣고 경험할 수 있기 때문이다.

효과적인 설득을 위해서 경험을 같이 해야 한다. 나도 내가 무엇
을 모르는지 모르기 때문에, 내 자신이 스스로 열려 있고 새로운
것을 받아들이겠다는 자세를 보일 때 상대도 마음을 연다. 설득이
어려운 상대일수록 같이 경험할 수 있는 무엇을 찾아보자. 그것은

함께 외부 전문가를 인터뷰하는 일일 수도, 같이 시장에 나가 고객을 살펴보는 일일 수도 있다. 조직은 궁극적으로 같은 목적을 지향하는 여러 부서의 사람들이 모여 일하는 곳이다.

다만 각자 가지고 있는 아젠다가 조금씩 다르기 때문에 상황을 보는 프레임이 다른 것이다. 시장을 경험하고 직접 접할 수 있게 해 준다면 이러한 부서 간 간극은 서서히 줄어들 것이다.

생존을 위한
나만의 생태환경을 조성하라
Business eco system

    에코 시스템이라는 개념은 생물과 그 생물을 둘러싸고 있는 환경을 하나로 보는 시각에서 출발한다. 비즈니스 에코 시스템은 나를 하나의 생물로 봤을 때 나를 둘러싼 환경이 효율적으로 일할 수 있는 형태로 융합되어 있는가를 보여준다. 비즈니스 에코 시스템이 잘 형성되어 있다면 나는 가장 효율적으로 일할 수 있을 뿐더러, 어떤 어려움에 빠졌을 때 쉽게 구출될 수 있고 나아가 매일매일의 일이 신날 수 있다. 그냥 다니다 보면 되겠지, 살다 보면 친해지는 사람, 나를 도와줄 사람도 생기겠지 정도의 생각으로는 부족하다. 내 에코 시스템을 만들어줄 핵심 사람들에 대해서는 관계를 발굴하고 가꾸고 내 곁에 머물게 하는 의도적 정성이 필요하다.

에코 시스템은 회사 안과 회사 밖의 경우로 나누어 형성시킬 수 있다. 회사 안에서 꼭 필요한 에코 시스템은 일단 동료다. 핵심적인 한두 명의 사람이 필요하고 이들은 내가 회사 생활에서 경험할 수 있는 모든 감정을 서로 공유할 수 있는, 일종의 감정 아울렛 역할을 수행할 수 있어야 한다.

사람은 매우 약한 존재이므로 감정을 지배하면서 살 수만은 없다. 그렇다고 주변에 있는 사람에게 내 감정을 모두 얘기하며 살 수도 없는 노릇이다. 한 사람, 많아야 두 사람, 회사 내에서 생기는 나의 모든 희로애락을 여과 없이 나눌 수 있는 사이가 되어있어야 한다. 같이 공유하는 내용이 일체 외부로 새나가지 않는 굳건한 신뢰는 기본이다.

책상을 두드려줄 서포터를 발굴하라

나를 위해서 서포터(supporter)가 있어야 한다. 서포터라는 것은 회사 내 나의 커리어에 영향을 줄 수 있는 중요한 1인이다. 나를 인정하고 절대적으로 신뢰하는 사람이어야 한다. 나의 커리어의 향방이 결정되는 자리에서 나를 위해서 변명, 옹호해줄 수 있고 나를 위해서 책상을 두드려줄 수 있는 바로 그 한 사람이다. 직접적인 보스가 서포터면 가장 좋겠지만, 보스와 그런 관계가 될 수 없다고 할지라도 영향력 있는 다른 1인을 반드시 서포터로 두어야 한다.

HR부서에 있는 사람도 에코 시스템 내에 두라고 조언하고 싶다. HR부서는 사람에 대해 일하는 곳이다. 사내 분위기를 파악하거나 사내 커리어 개발 측면에서도 도움을 받을 수 있다. 자주 협업하는 분야별 1인씩의 협력자를 두는 것 역시 중요하다. 마케팅 부서의 경우 R&D, 영업, IT, 고객지원, 구매 부서 등이 그 대상에 해당될 것이다. 단순한 업무 상대자가 아닌 상호 간 지원 군단이 되어야 한다. 이들은 아무리 바쁜 일이 있어도 나의 부탁이라면 꼭 들어줄 수 있는 사람이어야 하고, 나 또한 아무리 정신이 없어도 이 사람의 부름에는 반드시 응해야 한다. 서로 간 절대적인 신뢰와 프로페셔널한 존경심이 기본 바탕이다.

회사 외부적으로도 에코 시스템의 구축은 필수적이다. 일단 멘토가 필요하다. 멘토는 회사 안에 있을 수도 있다. 하지만 내가 직장을 옮길 수도 있고, 보다 폭 넓은 부분에서의 조언을 구하기 위해서는 회사 밖에 있는 사람이 더욱 유용할 수 있다. 멘토는 커리어가 달라도 나와 삶의 지향점이 같은 사람이어야 하고, 각자의 사적인 부분까지도 공유하며 내가 나가는 부분에 대해 서로 유익한 의견을 주고받을 수 있는 상호적인 관계여야 한다.

그 밖에 내가 지금 일을 하는 데 직접적으로 도움을 받을 수 있는 분야의 각 1인들이 있으면 좋다. 마케팅을 하는 나의 입장에서는 리서치 컴퍼니, 컨설팅 회사, 광고 대행사, 디지털 대행사, 대학 교수, 투자 자문사, 그리고 벤처 등과 같은 회사에 긴밀한 관계를 맺은 사람들을 두게 되었다. 대부분 5년에서 10년 이상 관계가 지속되어왔으며, 업무적인 부분에서 시작했지만 그것을 계기로 인간적인 관계까지 발전해 서로에게 신뢰와 호감을 가지게 된 사람들이다. 나의 요구라면 다른 일을 제치고 해줄 수 있는, 심지어는 사비를 털어서라도 내 일을 도와줄 수 있는 그런 관계까지 만들어나가야 한다.

마지막으로 헤드헌팅 회사에 있는 1명도 반드시 에코시스템에 포함시키기를 추천한다. 내가 다른 자리를 알아본다는 의미가 아니다. 현재 내가 하고 있는 일에서 새로운 사람을 필요로 할 수 있다. 헤드헌팅 분야의 1인을 통해 필요한 인재를 적시에 추천받을 수 있고, 시장 내 인재들이 어떤 분야에 관심 갖고 움직이는지 들을 수 있다. 인재들의 이동을 통해 경쟁사의 미래 전략 방향성도 유추해볼 수 있다.

시간과 돈과 노력을 투하하라

새로운 사람을 만나고 관계를 형성한다는 것은 기본적으로 정성이 필요한 일이다. 일정한 시간과 돈과 노력이 소요된다. 나의 중요한 재산을 형성시키는 과정이기 때문에 지금 당장 들어가는 자원을 아까워하지 말아야 한다. 에코시스템을 형성하는 것은 나 자신을 위한 것이다. 이 관계를 통해서 성장하고 혜택받는 대상은 오롯이 나 자신에게 국한된다. 비즈니스 에코시스템. 주어지는 대로 수긍할 것이 아닌, 의도적, 전략적으로 정성을 다해 발굴하고 성장시키자.

상사는
최고의 자원이다
Leverage your boss

상사는 무작정 모시는 상대가 아니다. 상사는 잘 관리하면서 모셔야 하는 대상이다. 든든한 사람으로 보이는 것, 언제나 믿을 수 있는 사람으로 평가되는 것, 상사와의 관계에서 내가 목표로 삼아야 할 중요한 부분이다. 상사를 너무 어렵고 멀게만 생각하면 상사와의 시너지를 놓치는 것이며, 상사의 말을 무조건 잘 따르겠다는 자세를 가지고 있다면 상사의 비서 역할을 벗어나지 못한다. 대하기 편한 사람이 될 수는 있지만 전적으로 믿고 든든하다고 느끼는 사람이 되기에는 부족하다.

어떻게 하면 상사를 가장 잘 관리하면서 모실 수 있을 것인가?

일에 관계되는 부분과 일 외적인 면을 포함한 전체 관계 정립 측면에서 중요한 부분을 생각해보자.

상사가 멋지게 참견할 수 있게 하라

업무 수행 부분에서 첫 번째 원칙은 상사에게 적절하게 참견할 수 있는 기회를 주는 것이다. 여기서 핵심은 '적절히'라는 단어다. 상사는 매우 불안한 존재다. 자신이 얼마만큼 아래 사람들의 일을 잘 이끄는지, 적절한 인풋을 통해 도움을 주는지, 늘 불안하고 의심스럽다. 너무 세세한 부분까지 참견하다 보면 김 팀장이 아니라 김 대리라는 별명을 갖게 되기 쉽고, 권한 이임(delegation)한다고 아래 사람들에게 일을 맡기면 너무 팀 일에 관심이 없다는 평가를 받기 일쑤다. 그 중간 적절한 선이 어디인지에 대해서 늘 고민하고 자신의 위치를 확인하고 싶어한다. 그래서 까탈스럽고 변덕스럽고 화도 잘 내는 것이다.

상사의 불안을 제거해주기 위해 내가 해야 할 첫 번째는 지속적으로 내가 하는 일에 상사의 역할을 주는 일이다. 지속적으로 업데이트해야 한다. 상사가 모르는 상태에서 일이 진행되고 마지막에 결과만을 가져가는 경우는 최악이다. 설령 그 결과물이 훌륭해도 그 중간 과정에서 소외되었다는 생각으로 상사는 매우 불안해할 것이다. 그리고 이것은 상사 스스로 자신의 역할을 해내지 못했다는 생각으로 이어져 팀에 대한 관리를 더 강화하겠다는 생각을 갖게 한다. 적절한 시점에, 짧게든 길게든, 일의 중간 과정을 보고하고 인풋을 받아야 내가 하는 일을 더욱 내 소신대로 추진할 수 있게 된다. 아무리 바쁜 상사라고 해도 내 일의 진행 상황을 업데이트할 수 있는 기회는 요령껏 잡을 수 있다. 꼭 정식 보고가 아니어도 복도나 엘리베이터에서 마주쳤을 때도 가능하다. 일상적인 인사만 할 게 아니라 한두 마디 자신이 지금 하고 있는 일이 어떤 상태며, 다음 주 정도에 보고 시간을 잡겠다는 식으로 상사에게 일의 진행도를 업데이트해야 한다. 일의 진행을 알 수 있고 자신이 여전히 중요한 도움줄 수 있는 사람으로 남아있다는 생각에 상사는 안심한다.

옵션으로 보고하라

두 번째 원칙은 상사가 항상 선택 가능한 옵션을 가져가는 것이다. 상사가 내릴 수 있는 판단의 몇 가지 옵션을 가져가 상사가 최종 결정할 수 있게 해야 한다는 것이다. 여러 가지 옵션 중에 내가 생각하는 가장 좋은 방법에 대한 우선순위도 잊으면 안된다. 하지만 여기서 포인트는 상사가 팀을 위해 판단을 내렸다는 역할 만족감을 주는 것이다. MECE(Mutually exclusive collectively exhaustive)하게 옵션을 정리해서, 설령 그것이 말도 안 되는 옵션이라고 할지라도 함께 포함시켜 전체 옵션을 보고하고 상사가 선택할 수 있는 기회를 주어야 한다.

이것은 이 결론이 팀 전체의 결정이라는 의미를 가지게 하고, 상사 스스로 자신의 존재가 여전히 쓸모 있다는 뿌듯한 확신을 가지게 한다. 상사가 원하는 직원은 자신을 빛나게 만드는 직원이다. 완벽한 일처리로 스스로 광채를 내는 후배보다, 상사의 적절한 도움과 함께 성장하며 성취하는 후배가 더 예쁘다. 자신이 빛나기 때문이다. 답을 이미 알고 있어도 의심의 미덕을 떠올리며 항상 옵션을 가지고 결론을 보고하는 습관을 기르자.

일 외적인 부분의 관계 정립 역시 중요한 축이다. 자신에게 주어진 일을 잘 해내는 후배라는 믿음 외에 어떤 일이든 상의할 수 있는 든든한 사람이라는 신뢰가 더해져야 한다.

유독 그가 가진 의견이 궁금해지는 사람이 있다. 팀에 어려운 일이 있거나 복잡한 문제에 봉착할 때면 김 차장이라면 어떻게 접근할까, 윤 과장이라면 어떤 식으로 생각할까 궁금해진다. 상사에게 생각 파트너(thought partner)가 되는 사람들이다. 공통적으로 세 가지의 특징이 발견된다.

같은 곳을 바라보아라

첫 번째는 상사인 나와 지향점이 같다. 무조건 '네 알겠습니다.'

하는 것이 아니라 집요하게 캐고 이해하려고 노력한다. 그러나 일단 이해가 된 상황에서는 철저하게 상사와 같은 방향을 지향하고, 상사의 지시 때문이 아니라 스스로 100% 확신이 들기 때문에 하는 일이라는 태도를 보인다. 상사와 같은 언어를 쓰려고 하고 상사의 생각을 주변에 전파한다. 상사와 같은 방향으로 가고 있다는 확신을 주게 된다. 신뢰하지 않을 수 없다.

두 번째는 새로운 정보를 가져오는 사람이다. 박 차장은 늘 나에게 새로운 정보를 가져오는 사람이었다. 산업 내에 어떤 변화가 있는지, 경쟁사들은 최근에 어떤 활동을 새롭게 시도했는지, 신기술은 어떻게 개발되고 있는지, 회식 자리나 회의 중간중간에도 항상 알려주려고 노력했다. 당연히 박차장과 이야기하는 것이 즐거웠고 나 또한 새로운 정보를 얻으면 그 친구에게 이메일이나 메시지로 전달하게 되었다. 부하직원이면서 동시에 항상 문제를 같이 풀어가는 파트너, 서로의 성장에 관심이 있는 파트너라는 생각을 갖게 된다.

상사의 입장에 서서 그가 할 일을 제안하라

마지막은 먼저 제안을 하는 것이다. 상사가 하려는 것을 이해하고 정보를 주는 것만으로는 충분하지 않다. 새로운 일을 제안할 수 있는 사람이어야 한다. 직급에 따라 제안할 수 있는 정도가 다르지만 크든 작든 일단 새로운 일을 구상하고 제안할 수 있는 사람이라는 인상을 주어야 한다. 대리라면 업무적인 부분보다 현재 팀의 분위기가 어떠하며 그렇기 때문에 이런 활동이 필요할 것 같다는 단합에 대한 제안을 할 수 있다. 내가 부장이라면 우리 팀에서 새롭게 추진할만한 신규 업무에 관한 제안일 수도 있고, 다음 전체 회의에서 제안할만한 전사 차원의 새로운 계획에 관한 이야기가 될 수도 있다.

그것이 상사의 생각과 일치하든 다르든 상관 없이 고려되면 좋을 만한 새로운 일을 때로는 가볍게, 때로는 묵직하게 전할 필요가 있다. 생각이 있는 사람이라는 것을 늘 보여주는 것이다. 그래야 상사가 나를 의지한다.

'이 친구는 지금은 과장이지만 팀장이 될 준비가 되어있어.'

다음 단계에 대한 준비가 되어있는 사람이라는 것 또한 상사 마음에 비춰지는 당신 이미지가 된다.

쑥스럽다거나 주제 넘는다는 생각을 버리고 작은 것부터 실천해보자. 상사로부터 일 잘하는 직원이라는 칭찬을 넘어 정말 든든하고 내가 의지할 수 있는 부하라는 평가를 함께 받게 될 것이다.

Leave
work
on time

5장

생존을 위한
소통

Communication

제대로 전달되지 못하면
아무 일도 하지 않은 것이다.

공개될수록
건강하다
Be open, be Strong

박 과장은 자신이 하는 일을 주변에 알리는 부분에 탁월하다. 단순히 하고 있는 일을 떠벌리는 개념이 아니라 자신이 지금 어떤 프로젝트를 하고 있는데 어떠한 부분에서 흥미를 느끼고 있고 어떤 어려운 점도 있지만 이러이러한 도움을 받아 진행되고 있다는 식의 이야기를 스스럼 없이 자주 한다. 그 말을 듣고 있으면 나와 직접 관련이 없는 일이라도 열심히 임하는 그의 모습이 기억에 남고 기회가 되면 돕고 싶다는 생각을 하게 된다. 처음에는 '저렇게 자세히' 자신의 일을 알릴 필요가 있을까?' 싶기도 했다. 혼자 일 다하는 것처럼 얘기하고 다닌 다 생각하는 사람도 있는 듯했다.

그러나 동시에 그렇게 이야기하는 그의 모습에서 정말 일을 재미있어 한다는 생각이 든다. 그리고 그가 자신의 이야기뿐 아니라 똑같은 열정으로 일하는 다른 동료의 일 얘기도 궁금해하고 집중하는 모습을 보이기 때문에 그의 진정성을 진심 인정하게 된다.

반면 자신의 일에 대해 전혀 이야기하지 않는 타입도 있다. 어려운 점이 있어도 좀처럼 털어놓지 않고 '어떻게 되어가냐?'는 다른 사람의 안부 인사에 '그냥 그렇다, 잘 되고 있다.'는 말로 짧은 응대를 한다. 타인을 신뢰하지 않거나 그들로부터 받을 수 있는 도움이 미미해서 이렇게 행동하는 것이 아니라, 일단 자신의 일은 자신이 알아서 처리하는 게 좋겠다는 어떤 강박적인 책임감인 경우가 많은 것 같다.

이와 더불어 "다른 사람들도 바쁜데 내 일에 관심이 있겠어?", "왠지 속마음을 털어놓는 게 자신이 없어. 아직은 나도 뭐가 뭔지 잘 모르기 때문에 할 말도 별로 없어."라고 생각할 수도 있다. 이야기를 꺼내는 것 자체가 남에게 폐가 될 것 같다는 마음에서 개방하지 않는 것이다. 과장된 주인공 의식도 한몫한다. 괜히 이야기했다가 여러 사람 입방아에 오르는 건 아닌지, 내가 일을 잘 못하고 있다고 판단되는 것은 아닌지, 별별 걱정에 스스로 폐쇄를 택한다.

나 자신 또한 내가 하는 일에 대해 주변에 잘 알리지 못하는 타입이다. 그저 내가 스스로 알아서 처리하고 커다란 어려움이 있거나 분명한 도움을 받을 일이 생기기 전에는 그 일에 대해서 미주알고주알 털어놓지 못한다. 그러니 막상 도움이 필요할 때도 처음부터 설명하는 것이 어려워 망설이게 된다. 자기 일을 잘 이야기하는 친구나 후배를 보면 부럽다가도 내 얘기를 하려 하면 어디서 시작해야 할지 막막해지는 것이다.

공개해야 공유 받는다

오랜 경험 끝에 나는 나의 방법이 효율적이지 못하다는 것을 확신하게 되었다. 공유는 유익하다. 꼭 다른 사람의 도움이 필요한 시점이 아니라도 나의 일에 대해 공유함으로써 스스로의 생각이 정리될 수 있다. 일종의 객관화 작업이 진행되는 것이다.

또 하나의 장점은 스스로에 대한 암시다. 이 부분에 대해서 지금 내가 어떤 식으로 몰입하고 있는지 설명함으로 더 열심히 열정을 다해 반드시 훌륭한 결론을 도출해야겠다는 일종의 자기 암시를 하게 되는 것이다. 담배를 끊을 사람이 미리 주변에 금연 소식을 널리 홍보해 놓아 피어 프레셔(peer pressure: 동료 집단으로 부터 받는 사회적 압력)를 스스로 자청하는 것과 같은 논리다.

세 번째 장점은 실제적으로 기대하지 않은 도움을 받을 수 있다는 것이다. 내 말을 듣고 있던 상대가 "어, 그 부분에 대해서 잘 아는 선배가 있는데 한번 물어봐줄게" 라고 스스로 자청할 수도 있고, 내가 몰랐던 부분에 대해 다르게 접근하는 부분을 제안받을 수도 있다. 뿐만 아니라 도움을 준 상대 역시 자신이 도움을 줬다는 생각에 기분이 좋아질 것이고 앞으로 나를 만날 때면 일상적인 안부가 아닌 그 프로젝트에 대해 다시 한번 챙겨 묻는 관계 형성도 이루어질 것이다. 자신이 도와준 사람을 좋아하게 된다는 벤자민 프랭클린 효과다.

마지막으로 내 이야기를 공유했을 때의 최대 장점은 상대도 자신의 일을 공유하게 된다는 것이다. 내가 미주알고주알 지지부진한 일까지도 털어놓음으로 상대는 거기에 자연스럽게 몰입되고, 자신도 그런 이야기를 털어놓을 수 있겠다는 생각을 하게 된다. 무장 해제 관계가 형성되는 것이다. 서로가 자신이 하고 있는 일과 어려움을 공유하고, 다음에 만났을 때 그 일의 후속 진행에 대해 서로 물으며 보다 깊은 이야기를 할 수 있는 관계로 이어질 수 있다.

회사 밖에 있는 사람과도 이런 관계를 충분히 형성해 놓음으로 자신의 일의 효율성을 극대화할 수 있다. 소프트웨어 회사에 다니는 김 부장은 그런 면에 있어 탁월한 후배다. 직접적인 관련이 없는 분야라도 자신이 하는 일에 대해 자세히 설명하는 그녀를 자주 볼 수 있다. 10분 정도에 불과하지만 그 시간 동안 그녀가 눈을 빛내며 하고 있는 일의 어려움과 소명감을 자세히 설명할 때면 나도 모르게 이야기에 빨려 든다. 기회가 된다면 어떤 식으로든 그녀를 돕고 싶다는 생각도 든다. 실제로 그녀가 어떤 큰 프로젝트를 따기 위해서 노심초사하고 있을 때 건너건너의 지인에게 그 프로젝트의 진행 상황에 대해 알아봐주고 나름의 조언을 주었던 적도 있다. 직접적인 도움이 되지 못하는 일이겠지만 그렇게라도 그녀를 돕고 싶은 마음이 간절했던 것이다.

환영받지 못하는 서프라이즈

자신이 하는 일을 요령껏 공유하는 일에 서툰 사람은 조직에 서프라이즈를 가져오게 된다. 새로운 거래처와 이야기가 오고 가고 시도하지 않았던 프로모션 방법이 제시되기도 한다. 빨리 진행된 일이고 결과가 어떨지 몰라 아무에게도 알리지 않고 일단 진행 시켰다. 결과는 좋았고 기쁜 소식을 알린다는 마음으로 팀장에게 보고하기로 한다. 하지만 팀장의 반응은 엇갈린다. 조직에 유익할 수 있는 시도니 성과적으로는 환영할만한 일일 수 있지만 과정에서 보인 폐쇄성으로 개인에 대한 평가는 반드시 긍정적이지 않을 수 있다. 일의 결과물을 서프라이즈로 보여주는 것은 상사나 팀을 불안에 빠뜨린다.

결코 어떠한 형태나 어떤 레벨에서 든, 조직 내에 서프라이즈를 가져가지 말자. 중간중간 자신이 하는 일에 대해 열심으로 소통해야 한다. 조직은 내부의 개방성을 원칙으로 한다. 여러 사람이 모여 일하는 곳이니 상호 개방적으로 서로의 일을 알고 도울 수 있어야 한다. 또 그런 사람으로 보여야 한다. 나의 일상에서, 나의 일을 사심 없이 공유하는 작은 습관에서부터 시작해보자. 귀찮아하지 말고 다소 불편하고 익숙하지 않은 경험이라도 일단 자신을 오픈하면 긍정적인 효과가 많이 발생한다는 것을 알 수 있을 것이다. 공개된 부분이 많은 사람일수록 정신적으로 건강한 사람이라는 연구 결과도 다수 있다. 늘 이야기하고, 늘 나누고, 나를 편하게 공개하면서, 더 건강하게 주위와 소통해나가자.

30초 안에
설명하라
Elevator talk

엘리베이터 안에서 상사를 만났다. 프로젝트는 잘 진행되고 있느냐는 상사의 질문에 "네 잘 진행되고 있습니다.", "예 덕분에 그럭저럭 하고 있습니다."라는 대답은 흥미 없다. 대화가 더 이상 진전되지 않는다. 복도에서 우연히 마주치거나 회식 자리에서 옆에 앉았을 때도 마찬가지다. 어깨를 두드리며 상사가 건네는 한 마디는 단순한 격려 차원의 이야기가 아니다. 그 짧은 접촉을 통해 상사는 당신이 얼마큼 일을 잘하고 있는지에 대한 힌트를 원한다.

엘리베이터 안에서 상사를 만났을 때 30초 안에 내가 하는 일을 잘 표현할 수 있어야 한다. 내가 지금 어떠한 일을 하고 있고 어떻게 몰입하고 있는지를 아주 현명하면서도 간단하게 이야기할 수 있어야 한다. 상사가 추가적으로 궁금해하는 부분이 있다면 그 대화는 엘리베이터에서 내려서도 지속될 것이고, 복도를 같이 걸어가면서도 질문을 주고 받을 수 있다. 상사의 귀중한 인풋을 받을 수 있는 기회로 이어지기도 한다. 짧은 시간 안에 일의 상황을 설명하고 나에 대한 지지를 얻어낼 수 있는 이런 기술을 '엘리베이터 톡(elevator talk)' 기술이라고 부른다.

준비된 사람만이 기회를 잡는다

어떻게 이런 상황에 대비해야 할까. 내가 정리되어있어야 하는 것이 핵심이다. 정신줄을 놓고 되는 대로, 흘러가는 대로 일에 매몰돼 살다 보면 결정적인 순간에 '잘 지내고 있다.'는 그럭저럭한 대답으로 마침표를 찍게 된다. 그리고 돌아서서 후회한다. '아 내가 이러한 얘기를 했어야 했는데.', '이런 질문을 드렸어야 했는데.' 하지만 이미 때늦은 후회다. 기회는 30초였다. 이제 몇 가지 준비가 필요하다.

첫 번째, 당신이 지금 하는 일이 프로젝트 전체 맥락에서 어떤 가치와 어떤 기여를 하는지 항상 생각하고 있어야 한다. 일이 너무 많고 복잡하고 일의 전후 좌우에 매몰되는 느낌이 들수록 뒤로 한 발짝 물러서 내가 왜 이 일을 하고 있는지, 이 일의 결론은 궁극적으로 어떤 가치를 추구하는 것인지, 여기에서 내가 반드시 놓치지 말아야 할 것은 무엇인지를 스스로에게 묻고 생각을 정리하고 있어야 한다.

광고 에이전시를 선택하는 과정에 있다고 가정해보자. "가장 잘하는 업체를 찾고 있습니다."는 대답은 내가 그 상황을 완전히 컨트롤하고 있다고 보여주지 못한다. 대신 "이 프로젝트는 신기술적인 부분과의 접목이 핵심이기 때문에 시장에서 딥 러닝(deep learning)에 대한 부분을 가장 잘 이해하고 있는 에이전시를 찾고 있습니다."라는 대답이 훨씬 더 파워풀하다. 똑같이 협력 업체를 찾는 단계라도 지금 자신의 일이 전체 프로젝트에서 어떤 가치와 역할을 가지고 있는지 분명히 이해하고 있다는 답변이다. 내가 이 프로젝트의 주인공이고 프로젝트가 나를 집어삼키는 것이 아니라 내가 프로젝트를 완전히 컨트롤하고 있다는 것을 보이는 것이다. 대답을 듣는 상사의 입장에서도 이 친구가 자신이 하는 일을 정확히 파악하고 있다는 생각이 들면서, 당신의 수행 능력을 높이 사게 될 것이다.

두 번째로 제한적인 가설이 항상 준비돼있어야 한다. 가설은 일이 끝났을 때 또는 일이 어느 정도 진행된 다음에 가질 수 있는 게 아니다. 프로젝트 첫 날부터 나의 가설은 있어야 한다. 그것이 설령 최종적인 결론과는 완전히 상반되는 것이라도 상관없다. 일단 가설이 있고 그것을 가지고 증명하겠다는 태도로 매일매일의 프로젝트가 진행돼야 한다. 고객관리 프로그램을 개발하는 프로젝트일 경우, 상사를 엘리베이터에서 만났을 때 "아직은 잘 모르겠지만 뭔가 새로운 방법을 고안 중입니다."는 대답은 매우 무기력하다. 반면 "아직까지는 가설 단계입니다만, 고객들이 친구를 추천하는 새로운 프로그램이 나와야 할 것 같습니다."는 말은 굉장히 파워풀하다. 설령 이것이 최종 제안에서 제외되더라도 중간 가설이 있다는 것은 자신이 얼마큼 이 문제에 대해서 고민하고 몰입하고 있는가를 보여준다. 또한 프로젝트에 대해 얼마나 정확히 이해하고 있는가를 보여주는 중요한 잣대가 된다. 현재 상태에서 제한적인 가설을 항상 이야기할 수 있도록 준비하자.

세 번째로 다음 스텝(next steps)을 밝혀야 한다. 자신이 현재 하는 업무에 대해 충분히 이해하고 있을 뿐 아니라 상사인 당신의 도움을 받을 계획도 가지고 있다는 부분을 함께 설명해야 한다.

"이 단계가 마무리되는 대로 2주 안에 보고를 드리겠습니다." 아니면 "내일 관련 부서들과 공유 미팅을 할 예정인데 그 부분이 끝나자마자 팀장님 인풋을 받을 계획입니다."라는 식으로 어느 순간에 당신의 인풋이 필요한지, 언질을 줄 수 있어야 한다. 상사도 자신의 역할을 머릿속에 그리게 되고 자신이 기여할 부분이 있다는 점에 대해서 안심을 하게 될 것이다.

맥락 속에서, 결론부터 말하라

추가적으로 커뮤니케이션에 있어서 기억할 부분이 있다. 엘리베이터 톡은 반드시 눈을 보면서 해야 하고 결론부터 먼저 이야기하는 것이 좋다. 상황을 장황히 설명하다 보면 이미 내릴 층이 다가와 있을 것이다. 결론부터 이야기하고 추가적인 부분에 대해서 시간이 허락하는 범위에서 설명하는 연역적 방법을 택해야 한다. 프로젝트가 어렵다거나 해결책이 난감하다는 표현은 피하는 것이 좋다. 대신 프로젝트가 복잡하고 새로운 부분이 상당히 흥미롭다는 표현으로 대체할 수 있다. '어렵다'라는 생각은 상사가 해주면 된다. 내 입으로 할 말은 아니다. 나는 사안이 복잡하지만 해결하려 하고 해결해낼 수 있는 진취적이고 긍정적인 직원으로 인식되어야 한다.

항상 한 발 뒤로 물러서 전체 맥락에 대한 정리를 하고, 맥락에서 현재 하는 일의 가치와 역할을 찾고, 매일 새로운 해결책에 대한 가설을 가지고, 다음 스텝에 대한 계획을 갖고 있는 것. 이런 부분이 잘 정돈되어 있을 때, 엘리베이터 안에서 느닷없이 상사를 만나는 그 순간이 행운의 시간이 될 것이다. 당신을 부각시킬 수 있는 결정적 순간, MOT가 될 것이다.

흐름만
기억된다
Presentation for impact

발표를 한다는 것, 보고를 한다는 것, 누군가를 설득한다는 것
은 말처럼 쉽지 않다. 하지만 아무리 훌륭한 생각이라도 올바른
방법과 형태로 상대에게 전달될 때에만 그 가치가 발휘된다. 그냥
'사랑'이라고 하면 그것은 아무런 방향성이 없다. 그러나 '사랑은
허구다.' 라고 말한다면 이것은 하나의 스토리가 된다. 설득할 수
있는 기초를 갖게 된다.

프레젠테이션을 한다는 것은 신념과 방향성을 전달하고 설득하
는 일이다. 그냥 내가 하고 싶은 말을 떠드는 것과 차원이 다른 이
야기다. 핵심적인 부분은 내가 하고 싶은 말이 아닌, 청중이 궁금

해하는 것을 전하는 것이다. 내가 증명하고자 하는 가치를 청중의 뇌리에 남을 인상적인 흐름으로 전달하는 것이다. 구체적 소재나 주제가 아닌 방향성과 흐름으로 청중은 기억한다. 나도 모르게 몰입되어 청중이 아닌 프레젠테이션의 일부가 되었다고 느껴질 때, 멋진 발표였다고 기억하게 된다. 파워풀한 프레젠테이션들은 몇 가지 공통점이 있다.

하고 싶은 말이 아닌 듣고 싶은 이야기를 하라

첫 번째는 철저하게 청중 의식의 흐름에 집중했던 프레젠테이션이다. 발표자가 말하고 싶거나 알고 있는 모든 것을 전달하겠다는 목적의 발표가 아닌, 상대가 현재 가장 중요하게 생각하는 것이다. 상대의 아젠다와 관련해서 갖고 있는 궁금증에 맞춰 나의 의견 또는 가치를 설득하는 발표가 유효했다. 청중이 다수일 때는 그 중에 가장 핵심적인 멤버들 또는 가장 상위 직급자의 아젠다에 초점을 맞추는 것이 맞는 방법이다.

영업 부서를 대상으로 새로운 프로모션 활동에 대해 협조를 구하는 프레젠테이션을 한다고 가정해보자. 청중의 관심은 올 연말 어떻게 세일즈를 부스트할 수 있는지, 점점 시장에서 밀리는 우리의 점유율을 년말을 기점으로 어떻게 반전시킬 수 있는가이다. 인사고과 평가가 다가오는 연말이나 분기별 결산을 해야 될 때면 숫자에 대한 압력은 상상을 초월한다. 그러나 프로모션 예산 설득을 위한 영업 부서 대상 프레젠테이션에서 브랜드의 가치와 중요성에 대한 이야기로 시간의 반 이상을 채운다면 결론에 이르기 전, 모두의 관심은 떠나가 버릴 것이다. 마케팅 부서 입장에서는 프로모션이 브랜드에 어떻게 영향을 줄 수 있고, 얼마나 나이스하게 고객을 초청하는 일인가를 먼저 강조하고 싶을 것이다. 궁극적 목적이 브랜드 증진이기 때문에 이 사실을 중심으로 설득하고 싶을 것이다. 그러나 프레젠테이션의 목적은 브랜드 중요성에 대한 설파가 아니다. 해당 프로모션이 매출에 어떻게 영향을 줄 수 있는지 단기적 효과와 위험은 어떤 것들인지, 세일즈의 각도에서 설명하고 설득하는 프레젠테이션이 되어야 한다. 직간접적인 효과의 분석, 과거 비슷한 활동의 영향력, 새로이 유인할 수 있는 시장 규모, 신규 창출 세일즈 규모. 발생할 수 있는 위협과 경쟁사의 반공에 대한 예측, 이런 자료들이 주를 이뤄야 한다. 결과적으로 '어떻게 브랜드에 영향 미칠 수 있는가'는 부가적으로 다뤄질 수 있을 것이다.

상대 의식의 흐름에 맞춘다는 건 그들의 공통 언어를 사용하는 것과 매우 밀접한 관계가 있다. 반드시 그들이 익숙한 언어, 그들이 이해하고 있는 세상의 언어를 사용해야 한다. 한마디 건너 하나씩 영어를 사용하거나 알아듣기 어려운 악어를 남무하는 것은 자제하는 것이 좋다. 중요한 키워드는 반복해야 한다. 새로운 내용은

일곱 번 정도 반복해서 들어야 겨우 이해할 수 있다고 한다. 시간
이 짧고 사안이 복잡할수록 여러 가지 이야기를 하겠다는 유혹을
떨치고 내가 전달하려고 하는 이야기에 집중하면서, 핵심 단어는
일곱 번이상 반복될 수 있도록 의도적으로 신경 써야 한다.

개방형 질문을 던져라

질문을 던져야 하는 상황에서도 내 의도를 내세우는 폐쇄적 질
문이 아닌, 개방적 형태의 질문을 던져 상대도 프레젠테이션에 참
여하고 있다는 인식을 주어야 한다. 개방형 질문은 이야기를 더 이
끌어가는 열린 질문(Open Question)이다. 방 안의 온도가 낮아져 창
문을 닫는 게 내 의도라고 가정해보자. 상대에게 "창문을 닫을까
요?"라는 질문은 폐쇄적이다. 예, 아니오, 밖에는 답이 없고 이미
창문을 닫고 싶어하는 상대의 의도가 감지되는 상황에서 아니오
라고 의견을 말하기도 힘들다. 답이 정해져 있는 상황이다. "날씨
가 매우 쌀쌀해졌습니다. 혹시 방이 추우신가요?"라고 묻는 것은
개방형 질문이다. 주도권을 상대에게 넘기고 그의 의견에 따라 다
음 대화를 이끌겠다는 의도다. 나이스하게 대화에 초대하는 질문
이다. "중국 시장이 빠르게 성장하고 있지요?"라는 뻔한 질문이 아
닌, "현재 가장 빠르게 성장하는 시장이 어디일까요?"라는 질문이
청중의 몰입도를 더 잘 이끌어낸다. "밀레니얼 세대들은 SNS 활동

이 정말 활발하지요?"라는 질문보다 "밀레니얼 세대들을 이해하는 것은 힘든 일이지요. 어떻게 하면 그들을 더 잘 이해할 수 있을까요?"라는 질문이 다음 토론에 대한 흥미를 배가시킨다.

"그들이 하는 SNS 내용을 보는 것도 좋을 것 같아요. 그들은 정말 SNS 홀릭들이에요." 청중은 자신이 이 발표에 참여하고 함께 내용을 이끌고 있다고 생각하게 될 것이다.

스토리에 집중하라

세 번째는 전체적인 흐름에 대한 이야기다. 흔히들 기승전결의 논리 원칙을 많이들 생각하는데 사실 파워풀한 프레젠테이션은 기결승전의 순서를 가져가는 경우를 많이 보았다. 결론이 앞서 나오는 것이 유리하다. 가장 먼저 당면한 상황에 대한 설명을 하고 해결책의 결론을 제시한다. 그 다음에는 제안된 결론을 실행하는 데 있어서 생길 수 있는 장애물과 필요한 자원에 대한 설명이 부가된 후, 다시 처음 주장한 결론을 강조해 내놓는다.

"오늘 프레젠테이션은 브라질 비지니스에 대한 당사 대응 안에 관한 발표입니다. 투자 파트너사와 협업하여 브라질 진출을 서둘러야 될 것 같습니다. 시장이 확대되고 있고 경쟁사들은 이미 중요한 채널을 선점하고 있습니다. 저희가 가지고 있는 물류 경쟁력이 최근 대형 유통사들의 도산과 신규 형태 채널 등장으로 위협받고 있습니다. 단독 진출 시 지역 환경 불안정성으로 당면할 수 있는 위협은 로컬 투자 회사와의 협업으로 해결될 수 있습니다. 이번 브라질 진출은 투자 파트너사와 진행하여 빠르게 이뤄야 할 시급한 과제입니다." 간단하게 설명하면 위와 같은 흐름이다. 이런 흐름이 "브라질은 성장하고 있고 유통 채널들이 더 복잡해지고 있습니다. 우리 회사 물류 채널은 위협 당하고 있고 지켜나가는 힘이 점점 힘들어지고 있습니다. 그래서 우리는 브라질 진출을 서둘러야 합니다." 라는 이야기보다 더 설득력 있다.

하버드 대학의 심리학 교수인 일렌 램어(Ellen Langer)가 굉장히 재미있는 실험을 했다. 복사기 앞에 줄을 길게 늘어서 있는 사람들에게 어떻게 이야기했을 때 가장 호의적으로 자리를 양보 받을 수 있는가에 대한 실험이었다. 실험 결과, 이유를 먼저 이야기하는 것보다 자신이 원하는 결론을 먼저 이야기했을 때 양보를 받는 경우가 훨씬 많았다. 즉, "죄송합니다만 제가 먼저 복사를 하면 안될까요? 왜냐하면 제가 매우 바쁜 일이 있거든요." 라는 흐름의 소통이 "죄송합니다만 제가 매우 바쁜 일이 있어서 먼저 복사기를 사용하면 안될까요?"라는 말보다도 더 높은 확률로 양보를 받았다. 간단한 실험이었지만 결론을 먼저 내세우고 그 다음에 어떤 이유를 들어 설득하는 것이 상대의 의식의 흐름에 보다 적합하다는 것을 암시해주는 결과였다.

선택적으로 세밀히 묘사하라

또 한 가지 파워풀한 프레젠테이션의 특징은 선택적으로 자세한 묘사를 수반하는 발표다. 발표 내용이 많고 광범위한 경우에 더욱 유용하다. 선진 사례를 살펴보는 경우를 가정해보자. 여러 선진사들을 항목별로 비교해 보여준다. 시장 점유율, 이익률, 핵심 브랜드, 최근 광고등을 비교 분석해 보여준다. 장표가 반복될수록 지루해진다. 주목도가 떨어진다. 이때, 특정 회사에 대한 매우 자세한 분석 결과를 보여주는 방법이 시도될 수 있다. 그 회사의 경우 일반적으로 비교된 요인들 외에 조직 문화, 오너들의 평판 등 매우 세세한 부문까지 보여주는 것이다. 관중들의 관심이 모아진다. 동시에 다른 회사들에 대해서도 오늘 발표는 없었지만 '이 정도의 치밀함으로 분석되었겠구나.'라고 짐작하게 된다. 발표에 대한 신뢰도가 높아지는 것이다.

마케팅 타깃을 발표할 때도 묘사가 치밀하고 정확할 때 더 많은 영감을 주고 청중의 흥미를 이끌어낸다. 30대 미혼녀라고 하기 보다, 32살의 중견기업을 다니며 주말에는 음악회를 찾아다니고 평일에는 퇴근 후 친구들과 치맥을 즐기는 직장 여성이라는 묘사가 청중이 생각하게 만든다. 관중들의 몰입도, 관여도를 높여주는 것이다.

영상으로 내 모습을 찍어보아라

마지막으로 연습하고 또 연습하는 성실함이 필요하다. 나는 모든 프레젠테이션에 앞서 해야 할 모든 말을 꼼꼼히 적고 반복적으로 연습한다. 연습할 때마다 선택하는 언어가 바뀌고 흐름이 바뀌면서 청중의 의식에 더 가까워지는 것을 느낀다. 또 한 가지, 자신의 실제 발표 모습을 동영상으로 촬영해볼 것을 권한다. 어떤 단어를 자주 사용하는지 어떤 제스처를 쓰는지, 나도 몰랐던 내 모습을 관찰하면서 좋은 인사이트를 얻게 된다.

프레젠테이션을 잘한다는 건 매우 힘들 수 있고 부담되는 자리일 수 있다. 하지만 몇 가지 원칙을 이해하고 그 부분을 내 것으로 만들려는 연습을 반복하면 즐거운 경험이 된다. 고민하고 준비하고 연습된 프레젠테이션만큼 성공적인 발표는 없다. 불안할수록, 부담될수록, 더욱 준비하고 연습하자.

장표는
스스로 말해야 한다
Charting by principle

장표 작업은 끝이 없다. 나는 내가, 자동차 회사나 전자 회사가 아니라 종이 회사를 다니는 게 아닌가 하는 생각을 해본 적 있다. 컨설팅 회사는 종이 회사 정도가 아닌 펄프 회사를 다닌다는 농담을 동료들과 주고 받곤 했다. 하루 종일 내가 작성하고 보고받으면서 소비하는 장표의 양은 어마어마했다. 최근 스마트 워킹(smart working)이라는 기치 아래 서류 작업을 최소화하려는 노력이 속도를 더하고 있다. 굉장히 바람직하고 꼭 필요한 작업들이다. 불필요하게 너무 많은 장표를 작성하거나 중요하지 않은 데이터를 정리하느라 직원은 많은 시간과 노력을 허비하고 있다.

하지만 생각들이 조직 내에서 일치감 있게 전달되고 관련된 사람의 생각을 같은 페이지에 올려놓기 위해서 최소한의 문서 소통은 앞으로도 계속될 것이다. 어떻게 하면 가장 효과적으로 문서 작성을 완결해낼 수가 있는가는 우리의 고민이다.

낱장은 완결적이어야 한다

첫 번째, 문서 한 장 한 장이 완결성을 가져야 한다. 전체의 팩이 아닌 이 한 장이 독립적으로 조직 내에서 소통되더라도 내용이 충분히 이해될 수 있어야 한다는 게 기본 원칙이다. 그러기 위해서는 장표에 제시된 자료나 주장하려는 메시지가 완결성 있어야 하며, 도표와 헤드라인 그리고 그림들이 연계성 있게 제시되어야 한다. 앞 뒷장이 있어야만 겨우 내용이 이해되는 장표는 불완전하다. 차트를 작성할 때는 각 페이지가 낱장으로 돌아다녀도 충분히 자기 설명이 가능하도록 만드는 것이 중요하다.

두 번째, 차트는 단순해야 한다. 하나의 차트에 하나의 메시지(one message for one chart)라는 원칙은 매우 중요하다. 차트는 메시지를 전달하는 도구다. 더불어 어떤 복잡한 예술작품이 아니다. 사람들이 내용을 잘 모르기 때문에 내가 알고 있는 모든 것을 담아야겠다는 유혹을 떨쳐내야 한다. 상대가 궁금해할 수 있는 부분으로 메시지를 집중시키고 추가적인 부분은 별도의 클릭을 통해서 또는 첨부자료를 통해 보강해야 한다. 한 장표에 두 가지 메시지가 들어가는 것은 최악이다. 하나의 장표는 하나의 메시지를 주장해야 한다. 시장에 좋은 기회가 있다면 그 부분을 먼저 보이고 그다음 장표에 이외의 위협요소를 보여줘야 한다. 그러나 이 두 가지가 공존해 일어나는 복잡성을 전하고 싶다면 한 차트에 넣어야 한다. 내가 전하는 메시지의 방점을 파악하고 하나의 메시지를 한 장의 장표에 보여주는 것이 핵심이다.

세 번째, 데이터 제시에 유의해야 한다. 장표를 만들 때 많은 데이터나 표를 인용하게 되는데 반드시 출처를 밝혀야 한다. 오른쪽 하단이나 왼쪽 하단 등 일관성 있는 위치에 출처를 밝혀 공신력을 높여야 한다. 모든 자료는 헤드라인을 지원하는 밀접도 순으로 배치돼야 한다. 중요한 역할을 하는 표를 헤드라인과 가장 가까이 위치시켜야 한다. 주장하는 메시지와 관련성이 적거나 어긋나는 자료를 장표 공간 채우기용으로 제시하는 경우도 있다. 매우 쉬운 부분이지만 실제적으로 간과되고 있는 경우가 많은 원칙이다.

방향성을 보여주는 헤드 라인을 뽑아라

네 번째, 헤드라인의 선택은 매우 신중하게, 이해하기 쉬운 표제를 택해야 한다. 헤드라인이 방향성을 갖는 것은 매우 중요하다. 많은 보고서가 '시장 상황'이라는 단어로 장표의 헤드라인을 잡고 있는데, 그냥 '시장 상황'보다는 '시장 상황의 복잡성' 또는 '시장 상황의 복잡성에 대한 다양한 증표'와 같이 특정한 방향성을 제시해야 한다. 팩이 완성되면 각 페이지에 있는 헤드라인을 쭉 읽어봤을 때 그것이 한 편의 스토리로 전체 내용을 설명할 수 있어야 한다. 반드시 첫 장부터 마지막까지 헤드라인을 읽어보면서 과연 이 헤드라인만으로 전체 내용이 잘 설명되는지, 충분히 흥미롭게 중요한 스토리를 완결성 있게 전달하고 있는지를 점검해보자. 물 흐르듯 자연스럽게 읽는 사람에게 내가 설득하려는 가치를 스토리로 엮어 들려줄 수 있다면, 훌륭하게 팩이 완성되었다는 증거다.

비주얼 도구를 활용하라

다섯 번째, 동영상이나 그림 같은 비쥬얼 요소를 적절히 활용하는 것 또한 나의 팩의 질을 높일 수 있는 중요한 팁이다. 사람들은 그림이나 동영상 같은 시각적인 것에 더 쉽게 반응한다. 인더스트리 4.0 시대의 특성이기도 하다. 인스타그램이 폭발적인 반응을 일으키는 건 당연한 현상이다. 브랜드에 대해서도 더욱 시각적인 자극을 원한다. 많은 자료를 복잡하게 설명하는 것보다 한편의 동영상이 더 많은 것을 이야기해준다. 발표에 요긴하게 사용될 수 있는 비주얼이나 동영상을 평소에 틈틈히 수집해두자. 언젠가는 쓸 수 있게끔 나만의 라이브러리 속에 저장해두자. 인용하는 것 역시 매우 효과적인 방법이다. 모두가 인정할만한 사람의 말을 인용하고 그 회사의 케이스를 제시함으로써 나의 주장에 대한 강력한 힌트를 줄 수 있다. 이노베이션의 필요성을 설파하기에 앞서 스티브 잡스가 아이폰을 소개하며 공유했던 발표문의 일부를 내 발표의 도입으로 사용할 수 있다. 이 역시 나의 라이브러리에 저장 돼야 할 발표 효과 증진 도구들이다.

좋은 팩을 쓰기 위해서는 좋은 팩을 많이 봐야한다. 잘 쓰여진 보고서, 잘 만들어진 차트, 잘 제시된 스토리를 무조건 많이 보고 읽어라. 그리고 나아가 무조건 외워보라. 다음 보고서를 쓸 때에는 그것과 똑같은 흐름을 따라 써보고 똑같은 용어를 사용해보라. 따라함으로써 온전히 내 것을 만들기 위한 연습이 시작되는 것이다.

Leave
work
on time

6장

지속 가능한
성장

Growth

동굴이 아닌 터널에
있음을 잊지 말자.

유쾌한 반전,
준비된 비상
Wesley Bryan's turn around

2017년 4월 17일, 미국 사우스 캐롤라이나주 힐튼 헤드에서 열린 PGA투어 'RBC헤리티지'에서 신예 웨슬리 브라이언(Wesley Bryan)이 합계 13언더파 271타로 우승을 거머쥐었다. 생애 첫 우승이었고 PGA 1부 진출 1년도 안 돼 거둔 성과였다. 사우스 캐롤라이나는 그의 고향으로 2012년 이 지역 대학을 졸업했다. 고향 사람들 앞에서 생애 첫 우승을 거머쥔 그는 감격했다. 혜성처럼 등장한 무명 선수의 우승에 전세계 골프팬 역시 흥분을 감추지 못했다.

작년까지만 해도 그는 PGA 2부 선수였다. 그나마 2016년 초에 입문해 1년을 겨우 채운 새내기였다. 그전까지의 활동은 거의 전무했다. 말 그대로 '이름만 프로'에 불과한 그가 PGA 우승을 얻어 낸 것이다. 상금만 117만 불, 2년간 PGA 투어 출전권과 2018 마스터스 출전 자격을 한 번에 따냈다.

그러나 그는 이미 오래전 인터넷 스타였다. 2014년 '트릭샷' 영상으로 온라인상에서 크게 인기를 끌었다. 트릭샷이라는 것은 당구 묘기와 같이 골프공을 이용한 여러 진기한 장면을 보여주는 영상들이다. 변변히 대회 참여도 못하고 있던 그는, 경제적 어려움을 해결하고자 형과 의기 투합해 골프 트릭샷 영상을 찍었다. 골프공으로 물제비를 여러 번 뜨기도 하고, 골프채로 농구공을 쳐서 골대에 골인시키기도 한다. 트릭샷 영상이 인기를 얻으면서 돈도 벌게 된다. 그리고 이 돈으로 PGA 2부 응시료를 마련할 수 있었고 2부에서의 시즌 3승을 거두어 1부로 진출하게 된 것이다. 그리고 불과 몇 개월 만에 시즌 첫 승, 생애 첫 승을 하게 되었다. 트릭샷 뿐만이 아닌 실제 필드에서도 실력을 인정받은 것이다.

부단히도 준비했던 신데렐라

흐뭇한 이야기다. 더 많이 듣고 싶은 이야기다. 대중이 사랑할만한 요소를 모두 갖춘 이야기다. 우리 모두가 꿈꾸는, 그러나 좀체로 나에게 일어나지 않는 신데렐라 플롯의 대반전이다. 그러나 뚜렷한 차이가 있다. 신데렐라는 별 노력없이 구두를 잃어버리는 바람에 왕자를 만나게 된 것이지만, 브라이언은 그렇지 않았다. 막막하기만 했던 시절에도 자신의 꿈을 꺽지 않았고 자신이 할 수 있는 방법으로 어려움을 해결하려 했다. 필요한 돈을 마련하기 위해 노력했고, 기발한 아이디어를 발굴하고 실천에 옮겼다. 유쾌하게 내용을 짜고 시각적으로 자극했고 자연스러운 상황을 연출했다. 사람들은 그 유쾌함을 샀고 동감했다. 사람들이 무엇을 원하는지, 그리고 어떻게 그런 가치를 전해야 하는지를 그와 그의 형은 열심으로 알아냈던 것이다. 그러나 더 중요한 것은 그가 이 모든 일을 할 때에도 자신의 꿈을 위한 훈련을 게을리하지 않았다는 것이다. 트릭샷을 찍고 인터넷 스타로 활동하면서도 골프의 칼날을 갈고 닦았다. 그리하여 기회가 왔을 때 단박에, 망설임 없이 실력을 입증할 수 있었다. 1년이 걸리지도 2년이 걸리지도 않았다. 단 몇 번의 투어 참여 끝에 그는 PGA 우승의 영광을 차지했다.

멋진 이야기다. 진심으로 감동적인 이야기다. 자신을 믿고 자신이 할 수 있는 능력을 믿고, 어려움을 해결하면서 기회를 기다리는 것, 자신의 실력을 갈고 닦으며 때를 기다리는 것, 실망하지 않고 진득하게, 즐겁게, 열심히, 그 시간을 쏟고 필요한 것을 해결하는 것, 그리고 단 한번의 기회로 나 자신을 증명하고 멋지게 비상하는 일. 직장생활에서도 똑같은 반전을 준비해야 한다.

생각보다 긴 직장생활, 내가 맘 먹은 대로 되는 일보다 그렇지 않은 경우가 훨씬 많다. 인정받지 못하는 것 같아 답답하고, 나보다 못한 사람이 먼저 달리는 것 같아 불안하다. 학벌이 딸리는 것이 나의 발목을 잡는 것 같기도 하고, 나와 달리 조건이 좋아 보이는 동료는 모든 일이 순탄히 풀려나가는 것 같다. 그러나 직장생활은 등락을 이겨내고 일단 버텨야 하는 것이다. 모든 일에는 지나감이 있고, 오르막이 있으면 내리막도 있다. 내가 힘이 들 때는 오르막이어서 그런 경우가 더 많고, 모든 일이 쉬울 때는 오히려 내가 독배를 마시고 있을 때일 수도 있다. 직장에서 느끼는 나의 크고 작은 좌절은 당연한 것이라 인정해야 한다.

동굴이 아닌 터널에 있음을 잊지 말자

동굴이 아닌 터널에 있다는 생각을 버리면 안 된다. 그리고 어떻게 해결해내느냐에 촛점을 맞춰 내 에너지를 집중시켜야 한다. 동시에 나의 실력을 갈고 닦아야 한다. 내 열성을 다하여 악착같이 갈고 닦아 뾰족하게 만들어놓아야 한다. 내가 꼼꼼하고 분석력이 뛰어난 사원이라는 장점을 갖고 있다면 그 점을 미친 듯이 갈고 닦고 연습해 전사 최고, 세계 최고의 분석가가 되어있어야 한다. 그래야 기회가 왔을 때 잡는다.

사장님 직속으로 신설되는 중요 TFT팀에 당당히 분석 전문 담당자로 합류하게 될 것이다. 새로운 사람들을 알게 되고 나에 대한 조직 내 인식이 생길 것이다. 맡은 일은 더 큰 성과를 내게 되고 나의 일을 더 사랑하게 되고 그럴수록 나에 대한 긍정적 평가는 속도가 붙을 것이다. 그렇게 직장생활은 선순환 커브를 타게 될 것이다.

웨슬리 브라이언(Wesley Bryan)의 반전을 기억하자. 기분이 우울해질 때면 내 기운이 꺾이고 용기가 사라지려 할 때면 나 스스로에게 외쳐라. 준비하면 된다고. 브라이언처럼 날아오를 때가 있을 거라고. 그 순간이 더 멋지려면 지금 준비해야 한다고.

그렇게 외치면서 오늘 직장생활의 퍽퍽함을 이겨내야 한다.

불편할수록
직면하라
One on one sit down

직장은 사람이 어우러져 함께 일하는 곳이다. 깨어있는 시간의 70~80%를 이곳에서 소모한다. 일 자체가 어려운 것은 그래도 견딜만하다. 도움을 받아 배워가며 개선할 수 있다. 그러나 사람 사이 겪는 어려움은 이보다 훨씬 복잡한 문제다. 마음은 어지러워지고 견뎌야 하는 어려움도 크다. 다양한 조언이 있을 수 있다. 상황에 따라, 직급에 따라, 조직 문화에 따라, 각각 다르다.

피플 리더십(People leadership)에 대한 고민은 리더가 된 후에 더욱 깊어진다. '열길 물속은 알아도 한길 사람 속은 알 수 없다.'는 말은 괜한 말이 아니다. 잘 지내고 있다고 생각했던 직원이 갑자기

사표를 내고, 그 이유가 상사인 나와의 갈등이었다는 폭탄 발언을 하기도 한다. 나름 마음을 다하며 팀원을 코칭하고 지원했다 믿었는데, 리더십 평가에서 전사 꼴찌를 하기도 한다. 표현은 안해도 나의 성실함을 잘 알고 있다 생각했는데, 승진에서 보기 좋게 나만 누락되었다. '사람의 맘을 얻는다는 건 이렇게 어려운 일인가.' 좌절감이 인다.

1대1 대화의 놀라운 힘

1년에 두 번 모든 부하직원을 직접 면담했다. 기본 30분, 길게는 1시간씩 직원 개개인과 마주 앉았다. 매우 바쁜 일정이었고 늘 시간에 쫓기는 생활이었지만 이 부분만큼은 놓치지 않고 꼭 지켜나가는 나만의 의식이 되었다. 나는 이것을 부하직원들을 위해서 하지 않았다. 나 자신을 위해서 했다. 어차피 같이 일해야 한다면 그 사람들을 잘 알아야 된다고 스스로 생각했다. 그리고 서로에 대해 알면 알수록 호감을 가지게 되고, 같이 더 잘 일할 수 있는 조직 분위기가 만들어진다고 굳게 믿었다. 조직에서 불편한 사람일수록 인간적으로 알려고 했고 더불어 나를 알리려 했다.

면담은 상대의 이야기를 듣고 동시에 나를 알리는 시간으로 활용했다. 어색해하는 직원도 있었지만 대부분 즐거운 시간이었다. 어떤 배경을 가지고 있는 사람인지, 형제 관계나 부모님은 어떤 분인지, 개인적인 이야기도 자연스럽게 주고 받았다. 회사 생활에서 갖는 비전을 이야기하고 현재 행복하고 힘든 상황에 대한 대화도 한다. 회사 내에서 부서를 옮겨 새로운 일을 해보고 싶어 하는 친구들 욕구도 귀담아 듣는다. 내가 지원해주어야 할 일이 있기 때문이다. 현재 하는 일이 힘들고 보람이 느껴지지 않는다는 하소연도 듣는다. 이유를 듣고 기억을 한다. 그 자리에서 답을 주는 세션은 아니다. 그것은 목적이 아니다. 그냥 듣는다. 그리고 내 이야기도 한다. 어떤 일에 관심이 있는지, 요즘 열정을 갖고 있는 토픽은 어떤 것인지, 내 이야기도 한다. 아이를 키우느라 정신 없는 직원에게는 나의 개인적 경험을 나누기도 하고, 가족에 대한 이야기도 나눈다. 그냥 친해지는 시간, 알아가는 시간이다. 지금 이 순간만큼은 이 세상에서 가장 중요한 사람은 바로 내 눈앞에 있는 당신이라는 마음으로 열심히 듣고, 기억하고, 대화한다.

알아야 보이고 그래야 애정을 갖게 된다

부서의 회식이나 워크숍에서도 그저 재미있는 놀이만 하는 것이 아니라 서로를 알 수 있는 게임을 많이 한다. 예를 들어 '우리 부서에서 대학시절 가장 많이 연애해보았을 사람은?' 또는 '우리 부서에서 남극에 가서도 가장 잘 살아남을 수 있을 것 같은 사람은?' 이 같은 식으로 사전 서베이를 통해 그 결과를 발표하고, 왜 그 사람이 뽑혔는지에 대해 주변 사람들과 본인의 이야기를 들어보는 식이다. 과정도 재미있고 웃긴 결과 앞에 망연자실하는 모습을 보는 재미도 쏠쏠하다. 그렇게 함으로써 누군가의 새로운 면을 알아가는 것이 기뻤다. 회식 때마다 서프라이즈 파티를 준비하는 어느 임원을 알고 있다. 늘 바쁜 일상으로 팀원들 사이 서로에 대한 터치가 부족하지만, 그 시간만큼은 팀장들과 함께 직원들에게 서프라이즈 파티를 직접 열어준다. 직원 개개인에게 하고 싶은 이야기를 적어서 쪽지를 주기도 하고, 칭찬하고 싶었던 일, 나누고 싶던 일을 그 파티 안에서 함께 공유한다. 직원들의 생일 때마다 반드시 편지를 써주는 임원도 있다. 무뚝뚝해 보이는 그의 편지를 처음 받을 때는 놀라고 당황하지만, 이제는 모든 조직원들이 기다리는 전무님의 편지가 되었다

'알아야만 보이게 되고 보여야만 더 사랑하게 된다.'는 진실은 직장 내 인간 관계에서도 유효하다. 직장생활이 힘들다고 느껴질 때면, 특히 사람과의 관계가 힘들다고 느껴질 때면 내가 그 사람을 충분히 알고 있는지, 더 나아가 그 사람은 나에 대해 충분히 알고 있는지 단순한 질문에서부터 출발해보자.

여러 사람이 모인 자리가 아니라 1:1로 시간을 가진 적이 있는지 돌아보고, 가능하면 자리를 만들어보는 것이 필요하다. 10분도 좋고, 5분도 좋다. 그러나 그 시간만큼은 마음을 열고 이 우주

에서 나에게 중요한 사람은 당신밖에 없다는 태도로 상대 말을 듣고, 내 맘을 전해야 한다. 그렇게 서로를 알게 되면서, 마음이 전해지면서, 서로에 대한 어려운 생각도 그 간극을 좁혀나가게 된다.

조직이 원하는
매력에 집중하라
Charm as a necessity

결국은 말을 섞고 싶은 사람과 시간 더 보내고 싶은 게 인지상
정이다. 조직에서도 마찬가지다. 아무리 업무적으로 뛰어난 사람
이라고 해도 인간적인 매력이 없다면 같이 일하고 싶다고 손 드는
사람은 줄어들 것이다. 리더든 팔로우든 인간으로서 매력을 갖는
다는 건 중요하다. 그러나 매력은 굉장히 광범위한 주제다. 문학,
철학, 심리학에서부터 많은 사회학자들이 끊임없이 이야기해오는
어려운 부분이다. 매력이라는 건 객관적이거나 뚜렷한 공식으로
정의될 수 있는 것이 아니다. 상황적이고 주관적인, 개개인의 환경
에 따라 다르게 정의될 수 있는 모호한 개념이기 때문이다.

범위를 줄여 '직장에서의 매력은 어떤 것일까?' 생각해본다. 상사인 나에게 매력적으로 보였던 세 가지 유형의 사람들을 기억하고 있다.

유 부장은 내가 알고 있는 가장 매력적인 후배 중 한 명이다. 늘 밝고 큰 웃음소리가 매력적이지만, 가장 큰 매력은 끊임없는 호기심으로 상대의 이야기에 완전히 집중해준다는 부분이다. 별거 아닌 이야기를 해도 그녀는 늘 눈을 반짝인다.

"어머 그런 일이 있었어요?", "어머 그런 제품도 있어요? 처음 듣는 이야기인데 너무 재미있네요.", "그래서 그 일은 앞으로 어떻게 되는 거죠?"

그녀의 질문은 활기차고 끝이 없다. 그녀와 대화를 하다 보면 항상 신이 나서 떠들게 된다. 그녀가 내가 하는 모든 말에 반응해주고 있기 때문이다. 그녀가 나를 좋아한다는 착각을 하고 있기 때문에, 더욱 좋은 모습을 보이려 노력한다. 그리고 그녀의 반짝이는 눈빛을 더 보고 싶어 더 새로운 이야기, 더 괜찮은 소재를 대화에 올려놓게 된다.

호기심을 잃으면 사람도 잃는다

호기심을 잃게 되면 늙는 것이라는 글을 읽은 적이 있다. 100% 동감한다. 매력적인 사람은 늘 새로움에 대한 호기심이 가득한 사람이다. 새로운 일을 추진하고 새로운 인사이트를 가지고 오는 사람도 호기심이 가득한 사람이다. 호기심 많은 유 부장이 매력적으로 느껴지고, 항상 가까이 두고 함께 일하고 싶다고 느끼는 건 매우 자연스러운 결과다.

김 부장 역시 매우 매력적이다. 많은 장점 중에서도 그의 개방성을 특히 높게 산다. 그는 사람에 있어서 매우 개방적이다. 어떤 일에 도움을 청하면 자신이 직접 나서서 도움을 주는 것은 물론이다. 거기다 그것을 도와줄 수 있는 다른 사람들을 열심히 연결해준다. '어떤 사람을 좋아하고 그 사람을 인정한다는 표현 중 하나가 자신이 귀하게 생각하는 다른 사람을 소개해주는 일이다. 즉, 인적 네트워크를 연결시켜주는 일이다.'라는 말을 한 적이 있다. 그에게는 사람을 연결해주는 것이 다른 사람에 대한 호감을 표현하는 중요한 방식이 되고 있다.

나도 개인적으로 사람을 연결해주는 걸 좋아한다. 그렇게 연결시켜 보다 많은 사람이 함께 일을 도모하고 취미를 공유하는 것이 즐겁다. 서로 잘 어울릴 것 같은 사람을 보면 얼른 소개시켜주고 싶고, 실제로 나보다 그들끼리 더 친해지는 모습도 자주 보았다. 하지만 이런 부분에 있어 김 부장은 분명히 나보다 한 수 위다. 주변 모든 사람을 통하게끔 만드는 것이 그의 목적인 것처럼 보이기도 한다. 주변 사람을 자신의 세계로 초대하고 사람들의 세계를 더 넓혀주려는 개방성, 먼저 손 내밀 수 있는 능력이 그의 자신감이다. 그리고 그것이 그의 매력이다. 사람들은 그를 리소스풀 (resourceful)한 사람이라고 묘사하며 더욱 그 주위에 몰려든다.

같이 말 섞고 싶은 사람이 되어야 한다.

몰입하는 사람이 보여주는 치명적 매력 역시 조직에서 각광받는 매력이다. 이 차장은 일을 잘하는 사람이다. 자기가 하고 있는 분야에 대해 정확하게 파악하고 있고 지식도 광범위하다. 나에게 필요한 기사들을 포워드해주고 자신이 알고 있는 것을 공유하는 일에도 매우 적극적이다.

하지만 그가 가장 매력적이라고 느껴진 때는 하는 일에 완전히 몰입돼있을 때다. 마무리를 철저히 하려고 마지막 순간까지 애쓰는 모습, 가장 정확한 최신 자료를 찾기 위해 온 인터넷을 뒤지는 열정, 하나의 인터뷰를 성사시키기 위해 알고 있는 모든 네트워크를 동원해 반드시 원하는 대상을 만나고야 마는 집요함, 팀의 어려움을 해결하기 위해 국경을 넘어 개인적 도움을 구하는 일도 마다않는다. 이런 면들이 그가 얼마나 자신의 일에 적극적으로 몰입하는 사람인가를 보여준다. 더불어 그의 매력을 극대화시키고 있다.

아랫사람들에게도 훌륭한 귀감이 된다. 팀 분위기가 그의 열정 하나로 똘똘 뭉치기도 한다. 상사에게는 더 이상 좋을 수 없는 소중한 부하직원이 된다. 놀랍게도 일할 때 빼고는 허술하기 짝이 없는 모습이다. 별 뚜렷한 생각이 없고 썰렁한 아재 개그도 도맡아 한다. 반전은 그의 매력을 한층 더 강화시켜놓는다.

매력은 각기 다른 모습일 수 있다. 어떤 한 가지의 정해진 모습일 수만은 없다. 자신에게 어울리는 매력일 때 효과가 극대화되고 다른 사람에게 도움이 될 때, 조직에서 반기게 된다.

알파고끼리 앉아서 회사생활을 하지 않는 이상, 어울려 같이 일하고 싶고 말 섞고 싶은 사람이 되는 것은 중요하다. 자신의 소중한 매력을 찾아내고 가꾸자.

의도적으로 그리고 지속적으로. 내가 반하고, 남도 반할 수 있게, 갈고 닦아 발휘해보자.

남을 통해
성장하라
Grow through others

남을 통해 성장한다는 것, 직장 내 성공은 남을 통해야만 가능하다는 사실. 이 말을 처음 들었을 때 충격적이었다. 모든 일을 주도적으로 해야만 직성이 풀리고 과중한 책임감으로 자신을 들들 볶는 일에 아주 익숙한 나로서는, 다른 사람을 통할 때만 성공할 수 있다는 이야기가 나약하고 수동적이라 좀처럼 맘에 들지 않았다. 성공은 스스로 하는 거라고, 내 힘으로 이루고 성취하는 거라고, 나를 어떻게 성장시키고 무장시키느냐의 게임이라며 온통 나에 대한 프레임에만 사로잡혀 있었다. 하지만 많은 세월이 지난 지금 그 말이 얼마나 큰 진실이며 직장생활을 아우르는 교훈인가 하는 깨달음에 무릎을 치게 된다. 그렇다. 성공은 내가 하는 것이 아니다. 내가 엄청난 아이디어 하나로 시장을 사로잡는 발명가라면, 새로운 아름다움과 감동으로 사람들을 사로잡는 예술가라면 성공은 나 스스로 하는 일이다. 그러나 내가 직장인이라면, 조직 속에서 성장하고 조직 내에서 인정받고 그 안에서 행복하고 단단해지길 원한다면, 그 성공은 오직 남을 통해야만 가능하다.

주위 사람은 내 존재의 증명이다

무조건 많이 따르자. 나의 상사는 그 사람이 아무리 엉망이고 나와 맞지 않는다고 할지라도 무언가는 있기 때문에 그 자리까지 올라간 것이다. 단지 나와 각이 틀려서 보이지 않거나 쉽게 파악되지 않는 부분일 수도 있고, 상황적으로 가려져있는 경우도 있을 수 있다. 하지만 무엇인가 있는, 나보다 뛰어나고 내가 반드시 카피해서 능가해야 할 부분이 있는 사람이라는 것을 인정하는 것이 중요하다. 더도 아니고 덜도 아니고 그 부분이 무엇인지 보고 배우겠다는 마음으로 다가가야 한다. 배울 때까지만 상사로 모시겠다는 마음으로 어려운 시간을 관통해야 한다.

관찰하고 소통하고 많이 카피하는 것. 주변을 살피고 주변인들로부터 배움을 얻는 것, 그렇게 함으로써 어려운 시기에 나를 위해서 책상을 쳐줄 서포터를 확보할 수도 있고, 많은 부분을 미주알고주알 털어놓으며 가이드 받을 수 있는 멘토도 발견할 수 있다. 선배와 상사뿐만이 아닌 후배를 따르는 일이 될 수도 있다. 사적으로는 후배지만 프로페셔널한 측면에서 배울 점이 있다면 그를 진심 따르는 노력이 필요하다.

많이 코칭하라는 조언도 하고 싶다. 코칭이라는 것은 거창한 일만은 아니다. 업무에 대해서 물어오는 동료나 후배들에게 자세히 내 경험을 공유하는 것, 상사가 어려워하거나 부족해하는 것을 내가 먼저 앞서서 알려드리고 같이 고민해보는 것, 잡지에 기고를 하고 나의 지식을 블로그에 올리는 것, 이 모든 것들이 코칭에 포함되는 행동들이다. 코칭을 하는 것의 첫 번째 장점은 상대와 좋은 관계를 형성할 수 있는 출발점이 되는 것이다. 하지만 더 큰 장점은 코칭을 함으로써 내 생각이 정리된다는 사실이다. 후배들에게 인풋을 주고 그들을 코칭하는 과정에서 그 주제에 대한 생각을 뚜렷하게 정리하게 된다. 내가 어느 부분을 자세히 모르는지, 공부가 더 필요한 것은 어떤 것인지 스스로 파악하게 된다. 결국 코칭은 내가 배우는 기회가 된다. 스스로에 대한 자기 암시 역할도 한다. 직장생활을 하는 데 있어서 다른 사람의 말을 듣는 것이 얼마나 중요한지를 코칭하다 보면, 나 또한 그런 경청자가 되지 않으면 안된다는 압박을 스스로에게 가하게 된다. 지금 이 책을 쓰면서, 반드시 바른 방법으로 일하는 모습을 솔선수범해야 한다며 스스로의 목을 죄고 있듯이 말이다.

스스로 하고만 경쟁하라

마지막 한 가지는 경쟁이라는 프레임을 바꾸는 일이다. 경쟁은 상호 간에 하는 것이 아니다. 성공을 위한 경쟁은 오직 나하고만 하는 것이다. 어제의 나 그리고 1년 전의 나 하고만 하는 것이다. 그리고 나와의 경쟁을 위해서는 나만의 경쟁 기준이 있어야 한다. 이 기준은 어떤 경우에도 협상할 수 없는, 나의 자존심과 밀접히 연계된, 내가 지향하고 나를 상징하는 높고 철저한 기준점이다. 회사에서 맡은 일을 망치거나 회의에서 엉뚱하게 실수를 할 수 있다. 다른 사람들이 나를 어떻게 생각할지는 별로 중요하지 않다. 나의 그러한 행동이 내가 가지고 있는 기준에 맞는 것인지, 내가 지향하는 품질의 기준에 맞는 것인지 어느 부분이 부족했기에 오늘의 결과가 있었던 것인지, 충분히 생각하고 뒤돌아보는 것이 필요하다. 남의 평가보다 내 자신이 내리는 평가를 무서워할 줄 알아야 한다. 이것이 경쟁이다.

좋은 사람들을 주변에 많이 둔다는 것, 그리하여 그 사람을 통해서 성공을 한다는 것은 남에게 어려운 청탁을 할 수 있다는 의미가 아니다. 사람을 모으고 사람을 움직임으로써만 내가 성공할 수 있다는, 현명하고 실용적인 생각이다. 많이 따르고 많이 코칭하고 경쟁의 프레임을 바꿔서 나 자신과만 경쟁한다는 생각을 가지자. 나의 주변에 좀 더 많은 사람들이 함께 할 것이다. 그리고 다 함께 공진화할 수 있을 것이다.

같은 곳을
바라보라
Thoughts on the same page

팀으로 일한다는 것은 중요한 개념이다. 팀 워크를 얼마큼 잘해내는 사람이냐 하는 것은 그 사람의 리더십을 판단하는 매우 중요한 잣대이다. 개개인의 능력만큼 또는 그 이상으로, 팀의 능력 발휘를 최적화시키는 것이 조직 성공의 지름길이다. 단독으로 일을 할 때는 좋은 성과를 내다가도 팀으로 일을 할 때에는 노이즈 메이커가 되는 사람이 종종 있다. 개인적인 능력이 아무리 뛰어나다 하더라도 조직의 리더로 성장시키기에는 부족감이 크다. 반면, 팀을 세우고 팀원들의 능력을 배가시키는 것에 탁월한 능력을 발휘하는 리더도 있다. 대리 때는 B 고가를 벗어나지 못했으나, 팀장이 되면서 훨훨 날아다니는 능력자들이다.

팀 워크 극대화를 위한 중요한 출발점은 모든 팀원들-그것이 3명이든, 10명이든-의 생각을 같은 페이지에 가져다 놓는 일이다. 같은 목표를 공유하고 같은 이해를 바탕으로 같은 방향으로 일하는 것을 포함하는 표현이다. 하나의 팀이 같은 방향으로 일을 한다는 것은, 이론적으로 틀릴 수 없는, 너무나 쉽고 당연한 이야기인 것처럼 들리지만, 현실에서는 팀 내 구성원들의 생각이 모이지 않고 흩어져 있는 경우가 매우 많다. 꼭 프로젝트 자체에 대한 이해뿐만이 아닌, 일 외적인 정서적 공감까지 포함해본다면, 팀원들 사이에 표현되지 않은 그리고 표현할 기회가 없었던 생각의 상이함들은 무척이나 많이 존재한다. 이러한 간극은 프로젝트 진행 과정의 효율성을 떨어뜨리며 프로젝트 결과물의 질에 부정적 영향을 준다.

킥 오프 미팅을 공식화하라

프로젝트 팀원들의 생각을 하나로 묶기 위해서는 '프로젝트를 제대로 이해하기' 위한 전방위적 공유의 단계가 필요하다. 팀 프로젝트가 작든 크든, 그것이 팀장과 나만 하는 2인 프로젝트이든 상관없이 반드시 공식적인 킥 오프 미팅(official kick off meeting)을 할 것을 제안한다. 대부분의 경우 '이러이러한 일을 할 거다.' 라는 팀장의 짧은 설명 정도로 프로젝트가 시작된다. 그나마 이러한 선포도 제대로 없이 점심시간이나 팀 회식 자리를 빌어 프로젝트 팀원들끼리 건배하고 파이팅 하는 것이 개시를 대신 하곤 한다. 이런 유형의 스킨십 또한 중요한 부분이다. 하지만 공식적인 프로젝트 킥 오프 미팅을 하면 기대보다 훨씬 더 많은 장점을 가져다준다. '매일 얼굴 보는 사이인데 따로 공식적인 이야기를 할 자리가 필요한가?'라는 반문을 할 수 있다. 하지만 매일 얼굴 보는 사이이기 때문에 더더욱 공식적인 소통 자리가 필요한 것인지 모른다. 매일 보기 때문에 서로의 생각을 잘 알고 있다고 착각하고 있지만, 습관같이 굳어버린 조직문화 때문에 하고 싶은 말, 묻고 싶은 말을 더욱 못하고 있을 수도 있다. 업무적인 부분에서 훌륭한 결과를 도출하는 것과 동시에, 프로젝트 참여자 모두가 행복하게 일하면서, 프로젝트를 통해 자기개발 기회를 갖을 수 있어야 한다. 그것이 프로젝트의 진정한 성공이다. 중요한 프로젝트, 기존과 다르게 새롭게 접근하고 싶은 프로젝트, 꼭 성공시키고 싶은 프로젝트에 참여하게 된다면, 공식적인 킥 오프를 반드시 해보도록 하자. 네 가지 내용이 필수적으로 포함되어야 한다.

첫 번째 이 프로젝트가 갖는 목적을 분명히 하고 그것을 문자화하여 공유해야 한다. '이번 프로젝트는 경남지역 영업 지원 방법을 찾아 내기 위한 것이다.' '이번 프로젝트는 스마트 공장 도입에 대한 미래 청사진을 내놓는 것이 목적이다.' 프로젝트의 목적을 구두로 전달하는 것에 그치는 경우가 많다. 그러나, 그 말을 하는 팀장의 생각과 프로젝트를 기획한 임원의 생각, 그리고 듣고 있는 사원의 생각은 조금씩 다를 수 있다. 당장 실행할 수 있는 안을 도출하는 것이 목적인지, 중장기 계획에 촛점이 맞추어져야 하는지, 회사의 자원 투입 여력과 추진 의사는 어느 정도 인지, 회사의 다른 이슈들 과의 연계성은 어떤지, 이러한 제반 문제들이 프로젝트 목적 정의에 영향을 미친다. 모든 관련 이슈들이 함께 공유되면서 발생할 수 있는 생각의 차이를 조정할 필요가 있다. 초기에는 아주 사소했던 생각의 차이는 프로젝트가 진행될수록 점점 커지고, 결과가 나올 때쯤이면 걷잡을 수 없이 간격이 벌어지게 된다. 마치 야구를 할 때, 타석에서 공이 맞는 순간의 각도가 0.1도만 틀려도 외야수 저 깊숙한 곳에 떨어지는 안타가 될 수도 있고, 2루 앞에 정확히 떨어지는 아웃볼 또는 조금 빗나가 파울볼이 될 수 있는 것과 같은 원리이다. 공식적인 킥 오프를 통해 프로젝트의 뚜렷한 목적을 정하고, 말이 아닌 명확한 문장으로 종이에 적어 같이 공유하고 충분히 질문하면서 완벽히 동의해야 한다.

두 번째로 프로젝트의 성공을 가늠할 수 있는 KPI(key performance indicator: 주요 성과 지표)를 확정해야 한다. KPI는 프로젝트 결과물에 대한 KPI, 그리고 참여하는 개개인 직원들의 자기 개발 목표에 대한 KPI의 두 가지가 다 포함되어야 한다. 업무 KPI는 프로젝트 결과 판단을 위한 지표들이다. 반드시 측정 가능한 요소들로 이루어져야 한다. 이 프로젝트의 목적이 세일즈를 지원하는 새로운 아이디어를 도출하는 것이라면, 아이디어가 성공적으로 도출되었는지를 가늠해줄 KPI가 필요하다. 몇 개의 아이디어가 나왔는지, 그 아이디어들이 우리가 가진 예산 범위 내에서 실행이 가능한 것인지, 기존에 없는 새로운 고객군들을 유인할 수 있는 것인지 등이 KPI에 포함될 수 있을 것이다. 자기개발 목표 KPI도 잊지 말아야 한다. 프로젝트를 통해서 각 팀원들이 이루고자 하는 개인적 성장에 관한 목표다. 막내 사원의 경우 이번 일을 통해서 재무제표를 정확히 읽을 수 있고, 재경팀과 예산 협의를 진행할 수 있는 능력을 기르겠다는 개인적 목표가 있을 수 있다. 팀장은 여러 부서와 같이 협업하는 프로젝트인 만큼 영업팀 외 다른 부서와의 소통 능력을 기르고 싶다는 개인적인 KPI를 가질 수도 있다. 서로의 자기개발 KPI를 공유하고, 각자의 목표 달성을 위해 서로 도와주고 지원할 수 있는 방법을 미리 논의해야 한다.

라이프스타일에 관한 것도 공식적으로 협조를 구하라

개인적 라이프스타일 요구사항도 킥 오프 미팅에서 토론되어야 한다. 아이가 아직 어려서 퇴근시간이 일정해야 하는 니즈가 있는 사람도 있을 수 있고, 주중 야근과 오버타임은 괜찮지만 주말은 어떤 일이 있어도 개인적으로 보내고 싶다는 요구를 밝히는 직원도 있을 수 있다. 아니면 매주 월요일 저녁은 대학원에 다니기 때문에 이 날만큼은 반드시 6시에 퇴근해야 하는 친구도 있을 것이다. 프로젝트를 시작하는 킥 오프 미팅에서 이러한 개인적 니즈를 각자 털어놓고 공식적으로 협조를 구해야 한다. 눈치 보지 않고 당당하게, 서로의 이해를 바탕으로, 화이팅 해야 한다.

마지막으로, 프로젝트의 디테일한 워크 플랜을 논의에 포함시켜야 한다. 언제 무슨 일이 있을 것이며, 이 일이 어떤 타임라인에 따라 진행되어야 하는지가 킥 오프에서 논의되어야 한다. 지금부터 3개월 내에 끝내야 한다 정도의 계획으로는 프로젝트를 성공시키기 힘들다. 중간 보고 날짜, 보고 대상, 출장 예정 기간, 최종 결과 보고 형식 등 프로젝트 진행에 관련된 행정적 결정을 미리 논의하고 같이 동의해야 한다. 업무 분야를 나누고 분야별 책임자를 선정하는 것도 유익하다. 다음 미팅 때 까지 자신이 맡은 업무에 대한 아주 상세한 수행 계획을 짜오도록 한다면 금상첨화이다.

프로젝트가 끝난 다음에는 공식적인 리뷰 미팅을 할 것을 제안한다. KPI를 어느 정도 달성했는지 같이 들여다보고, 어떠한 부분이 이러한 달성을 가능하게 했는지 어떠한 이유로 실패했는지, 팀원들끼리 공유해야 한다. 또한 각자가 개발하고 싶었던 능력이 프로젝트를 통해 향상되었는지도 뒤돌아봐야 한다. 프로젝트를 통해 코칭을 많이 받았던 경우에는 자신을 코칭해준 팀장이나 선배에게 고마움을 표현하는 자리가 될 수도 있다. 얼마간 쑥스럽기도 하겠지만, 공식적으로 표현할 수 있는 프로세스의 일부로, 당연히 밟아야 하는 절차로 정착시켜 모든 사람들이 더 편하고 효율적으로 이 기회를 활용할 수 있게 해야 한다.

프로세스는 선한 이익이다

기업, 특히 국내 기업에서 일을 하다 보면 프로세스보다는 사람에 의존하여 일이 진행되는 경우가 훨씬 많다. 유사한 일도 그때그때마다 진행되는 과정이 다르고 누가 하느냐에 따라, 누구를 아느냐에 따라 속도와 결과의 질이 달라진다. 프로세스는 불편한 것 같지만, 익히면 편해진다. 기대보다 많은 잇점이 있고, 내 작업의 불필요한 편차를 줄여준다. 특히 팀으로 일할 때는 그것이 2인팀이든 3인팀이든 일단 킥 오프를 하고 프로젝트 종결 이후에는 리뷰를 하는, 이러한 프로세스부터 정착시켜보자. 효과가 입증되면 일하는 방법에 대한 또 다른 프로세스들도 하나둘씩 시도해볼 수 있을 것이다.

힘들 때가
올라가고 있을 때다
Career jump paradox

너무 힘들어 숨을 쉬기조차 힘들 때가 있다. 지치고 소진되면서 바닥이 드러나고 있다고 느껴질 때가 있다. 내가 일을 하는 것이 아닌, 일이 나를 먹어치우려 한다는 생각에 헉헉거릴 때도 있다. 그런 시기가 있고, 그런 시절이 있다.

일 욕심이 많다. 조직에 필요한 일, 내 경험과 지식이 이바지할 부분이 많은 일에 욕심을 부린다. 나의 일 욕심은 직장을 선택할 때도 여실히 드러났다. 맥킨지를 택할 때, 일이 어마어마하게 많은 곳이라는 말에 마음이 뺏겼다. 지옥같은 라이프스타일을 어떻게 감당할 거냐는 주변 사람들의 걱정이 많았다. 어린 아가를 둔 엄마가 다닐 직장은 아니라며 다른 선택을 추천했다. 그런 말이 들리지 않았다. 많이 배우고 많이 성장할 수 있겠다는 기대에 다른 조건에는 눈길도 가지 않았다. LG전자를 갈 때에도 같은 설레임이었다. 컨설팅 업무가 잘 맞아서 쫓겨날 때까지 다닐 작정을 하고 있던 나에게 LG전자에서 잡 오퍼를 했다. 동시에 다른 기업에서도 함께 일하자는 제안을 받았다. 외형적으로는 그곳이 더 좋은 기회였다. 마케팅 분야에서 더 활발하게 움직이고 있었고, 책정된 예산도 훨씬 많았다. 봉급도 더 높았다. 그런데, LG전자로 가고 싶었다. 다른 무엇보다 할 일이 많을 것 같았다. 아직 마케팅이 활발하지 않은 기업이기에 내가 이바지할 수 있는 일이 많을 것 같았다. 스스로 일을 벌고, 그 기대에 설레여했던 것이다.

주 80시간의 극한 몰입

맥킨지에서의 경험은 프로패셔널적으로 나를 성장시킨 귀한 경험이었다. 주 80시간을 일해내면서 죽을 만큼 힘들다고 느낀 적도 많았다. 주말과 심야에도 계속되는 콜 컨퍼런스로 잠을 설치고, 해외 프로젝트에 투입되어 가족과 헤어져있어야 할 때도 많았다. 일하는 것을 재미있어하고, 결과의 성취를 즐기는 나였지만, 능력의 한계를 느끼며 절망할 때도 많았다. 그러나 돌아보면, 그 기간이 나에게는 커리어 점프 구간이었다. 고민하고 좌절하면서 나 자신의 한계를 스스로 푸시했던 그 시절이, 더할 수 없는 훈련으로 나의 근육을 키우고 키를 성장시킨 사춘기였던 것이다.

여러 산업에 대해 빠르게 배울 수 있었다. 은행, 중공업, 교육, 전자, 텔레콤에 이르기까지, 여러 산업 군의 핵심적 비지니스 이슈를 다루고, 제대로 짚어볼 수 있었다. 한 산업 군만 경험하는 것과 비교해, 여러 산업 군을 알게 되면 각각의 산업군 특징을 더 뚜렷이 알게 된다. 비교함으로써 더 정확히 이해할 수 있는 것이다. 최고 의사 결정자들의 문제 해결을 고민하면서 그들의 관점을 배운 곳이기도 하다. CEO가 어떤 고민을 하는지, 시장 기회에 대해 어떤 시각을 갖고 있는지, 현재 이슈를 어떤 각도로 판단하는지, 최고 경영자들의 관심과 사고 프레임을 배울 수 있었다. 글로벌 베스트 프랙티스를 연구하고 글로벌 인재들과 함께 일하면서, 글로벌 스탠다드로 나 자신을 무장시킬 수 있었다. 앞서 있는 것은 제품과 서비스 자체만이 아니었다. 문화, 역량, 프로세스 등. 카피하고 내것으로 하고 싶은 것들을 마음껏 경험할 수 있었다. 문제 해결 방법을 익혔다. 어떠한 문제도 겁내지 않고 뛰어들 수 있는, 체계적이고 강력한 문제 해결 능력으로 나를 무장시킬 수 있었다. 그리고, 사람에 대해 고민한 곳이었다. 같은 문제에 대해서도 너무나 다르게 느끼고 행동하는 사람들의 다양성, 훨씬 나이 많은 고객을 설득하고 이끌어야 하는 리더십, 극단의 어려움에서 본색을 드러내는 나라는 사람의 별 볼 일 없는 지질함까지도. 때론 실망하고 때론 감탄하면서 사람을 배워 나간 곳이었다. 죽을 만큼 힘들었지만, 고스란히 감사한 시간이다. 그 시절이 없었다면 오늘의 내가 없었을 것이다. 성장과 보상은 비례적으로 계산되지 않는다. 엄청 쏟아붓고, 엄청 절망하면서 끝나지 않을 듯 매몰되어 있었다. 나는 몰랐지만 성장하고 있었다. 그리고 어느 순간 계단처럼 뛰어오른 결과로 나의 성장은 가시화되었다.

오르고 있기에 더 힘든 건지도 모른다. 내가 원하는 일을 펼칠 수 있는 능력을 집중적으로 길러야 하기에, 이 시간의 성장이 고통스러운 건지도 모른다. 힘 안 들이고 노래 흥얼거리며 걸어갈 수 있는 길이라면 독배의 내리막인지도 모른다. 올라갈 때는 힘이 들기 마련이다. 지금이 그 순간이라면, 눈 감고 계속 걸어가자. 죽기 전에는 보상된다 믿고, 뛰어들어보자. 그리고 스스로에게 말하자. '오르막이라 힘든 거다.'라고. 엄청난 이 비밀을 나에게만 알려주자.

이루어가는과정
자체가 보상이다
The journey is the reward

'이루어가는 과정 자체가 보상이다'(The journey is the reward). 스 티브 잡스가 한 말이다. 정말 멋진 말. 누구도 아닌 스티브 잡스가 했기에 더 신뢰가 가는 말이다. 결과로 보상받는 것이 아닌, 한 달 을 기다려 월급을 받고, 5년을 기다려 승진으로 보상받는 것이 아 닌, 결과로 가는 여정 속에서 이미 정산은 끝난다.

혹자는 이 말이 자기 위안적인 패자의 중얼거림처럼 들린다고 한다. 결과가 자신 없고 대단하지 않을까 봐, 또는 자꾸 실패하는 자신에게 실망하기 싫어 결과가 아닌 과정 자체로 위안을 얻으라 는 것 아니냐는 것이다. 일면 그렇게 들릴 수 있다. 구직에 연거푸 실패하는 취준생에게 실패 과정 자체도 큰 보람이고 보상이라고 한다면 어떻게 공감하겠는가? '취직이 안 되면 견문을 넓히기 위해 해외 봉사를 고려해 보라.'는 어떤 분의 말과 비슷한 제안이다. 공감이 1도 안 되는 안드로메다급 발언이다.

그럼에도 불구하고, 나는 스티브 잡스의 이 말에 격하게 공감한다. 결과를 향한 집중력을 희석시키는 의미가 아닌, 오히려 역설적으로, 이렇게 생각해야만 결과에 더 빨리 도달하고, 더 완벽하게 성취할 수 있다는 것을 믿는다. 과정 자체를 보상으로 여겨야만 결과에 더 집중할 수 있음을 경험을 통해 확신했고, 그 태도가 성공을 이끈다고 믿는다.

스티브 잡스는 상징은 완벽성이다. 아이폰의 등장은 완벽성의 상징이다. 2007년, 전 세계는 열광했고 모바일폰의 지도는 완전히 바뀌었다. 충격으로 아이폰을 바라보고 있었다. 감탄하면서 놀라워하면서 늦은 밤 사무실에서 아이폰을 만지작거리며 혼자 중얼거렸다. "어떻게 이렇게 완벽할까? 어떻게 이토록 새로울까? 어떻게 이렇게 편할까? 어떻게 이렇게 내 맘에 들까? 어떻게 어떻게……."

의심을 이긴 확신

셀 수 없는 의심과 좌절을 그는 어떻게 뚫고 왔을까? 이토록 홀륭한 제품의 탄생을 그는 처음부터 확신하고 있었나? 이미 여러 번 실패하고 자신이 세운 회사에서도 쫓겨났던 그였는데, 기술의 장벽, 주주들의 의심, 시장의 저항, 대응하기 어려운 걸림돌 앞에서, 그는 어떻게 완주할 수 있었나? 무엇을 믿었나? 무엇을 붙잡았나? 아이폰의 제품적 우월성만큼, 리더 스티브 잡스의 정신적 버팀이 몹시도 궁금했다.

'이루어가는 과정 자체가 보상이다.' 이것이 답이었다. 앞이 안보이는 막막함 속에서 불확실한 미래의 결과를 보상이라 여기며 내달렸던 맹목성이 아닌, 오늘 하루하루를 고스란히 보상으로 여기고 버텨왔던 것. 그래서 완벽을 이룰 수 있었고, 그래서 성공이 자연스러울 수 있었고, 그래서 지치지 않고 완주할 수 있었다. 내일 있을지 모를 보상을 위해 오늘을 희생한 것이 아닌, 오늘 즐기고, 오늘 일하고, 오늘 꿈꾸고 오늘 보상받는 하루하루의 성공을 체험했던 것이다.

미래를 담보로 현재를 머뭇거리지 않는다

이 말을 늘 가슴에 품고 산다. 나를 지배하는 룰로 인정한다. 미래를 예측하려 하지 않는다. 언제 원하는 결과를 얻을지, 언제나 되어야 만족한 성과가 날지, 그런 날이 오기는 올 것인지, 답이 없는 이 질문들로 시간을 낭비하지 않는다. 오늘 이미 오늘 치 보상